無自覚な夫のための妻の地雷ワード事典

監修——夫婦問題研究家 **岡野あつこ**

日本文芸社

はじめに

「地雷ワード」を生み出す元凶は妻への思いやりや気づかいの欠如

私が、夫婦問題に関する相談をはじめてから、33年が経ちました。「夫婦のことは他人に相談することではなく、我慢してでも乗り越えていくもの」とされていた時代から、ずいぶんと世の中は変わりました。SNSを使って、夫や自分の家庭に対する不満を発信して、共感や同意を求めたりできる時代となったのです。

また、最近は日本でも男女平等がうたわれるようになり、社会での女性の地位向上はまだまだ遅れてはいますが、女性たちの意識のなかではかなりのスピードで進んでいます。

「夫婦は、あくまでも対等・平等である」という意識が根底にないと、夫婦関係はうまくいきません。

最近は、結婚してからも仕事を続ける妻が、家事・育児を一人でこなすのではなく、夫と分担するという考え方が支持されるようになってきています。

しかし一方で、「オレが働いて収入を得ているのだから、対価のない家事・育児は妻がやるのが当たり前」と考えている男性たちも、まだまだ多いというのが実情です。

妻たちは、この本に出てくるような「地雷ワード」を夫たちから聞くたびに、爆発寸前の心を抑えています。

誰だってケンカなど望んでいません。夫婦円満でいたいのです。

そのためには、相手を楽しませたり、思いやったりするコミュニケーションはもちろんのこと、自分にできないことを代わりにやってくれる妻に対して、夫が「ありがとう、次はオレがやるね」と自然に言える、対等な夫婦関係を築く必要があります。

夫婦が協力して、一家にとって必要なことを「どっちがどれを、どうやる」と一緒に決めていくことが、夫婦の役割分担、そして平等のためには大切です。

お互いを思いやり、尊重し、自分が得意なことや、やろうと思えば自分でできることは率先してやる。夫婦円満のためには、そうしたマインドがとても大事なのです。

本書では、世の夫たちが妻に言いがちな「地雷ワード」の例を挙げ、それらの言葉が「相手にどう伝わるのか」を解説しています。

そして、**それぞれの「地雷ワード」に対して、妻も夫もお互いが気分よくなれるような「言い換えワード」の例を挙げました**。

この本を手にとってくださった方たちが、夫婦円満のコツをつかんで、自分たち流の幸せな家族をつくる——。

本書が、その一助となれば幸いです。

2023 年 7 月　岡野あつこ

1

なにかと気づかいなしに
思ったことを
口にしてしまう夫たち
でも 日常生活のなかで
ふとした言葉の選択を
誤っただけで
妻の地雷を
踏みぬいて
大ケガを負う
なんてことも――――

2

3
太郎〜〜♡
パパ
帰って
きたよ〜
ごめん
寝ちゃってた…
て
ちょっと!!
今寝た
ばっかり
だから…！
てかさぁ
今日1日
何やってたの？
え？
あ…ごめん…
今日は太郎の
機嫌が悪くて…
ぐずって21時まで
寝なかったし…
ネットで見たんだけど
太郎と同じ2歳だと18時半には
お母さんたちが寝かしつけはじめて
みんな大体19時
には寝てるらしいよ
うええぇ
それは…難しい
ときもあるよ…
よその家の
お母さんたちは
もっとちゃんと
やってるよ？
つらいのは
わかるけどさ
…つらいのは
わかるけどさ？

4

この中で、あなたが言った
もしくは言われたことの
ある地雷ワードはありましたか

どの家庭でも
夫婦の考え方の違いは
あるものですが
まずは妻が言われて許せない
地雷ワードを夫が知り
お互いを思いやる
関係を築くことが重要です

夫婦で協力して、
最高のパートナーになりましょう

本書のコンセプト

夫婦円満に過ごすためには、「地雷ワード」を知ることが重要

本書で取り上げた「地雷ワード」とは、夫婦間で交わされる日常の会話のなかで、ふとした瞬間に相手（本書では妻）の機嫌を損ねたり、傷つけたりするひと言と定義しています。

同じ屋根の下で暮らす夫婦であれば、毎日、顔を合わせるなかで、「会話」がひんぱんに交わされます。そして、この**会話こそが、コミュニケーションのなかでも特に取り扱い注意の代物**なのです。会話のなかでは、相手をほめる言葉もあれば、ときとして貶める言葉もあります。ここで問題なのは、言葉ひとつで相手の感情を良い状態にも悪い状態にも簡単に導いてしまえるという点です。

そういう意味でも、会話の際にもっとも重要視すべきなのは、**相手に対する言葉づかい**といえます。ここが疎かになると、いわゆる「地雷を踏む」危険性が高くなります。あなたが何の気なしに発した言葉で、受け取った側がもし傷ついたとすれば、その言葉は「毒」でしかありません。反対に、相手が喜んでくれるような言葉であれば、それは「薬」となり、二人のコミュニケーションはうまく機能し、良好な夫婦関係が継続できるのです。

自分の言葉が相手を傷つけていないか、不機嫌にさせていないかどうか、それを知るためには地雷ワードそのものを把握すること。そして、それがなぜ地雷となるのか、その意味合いをしっかりと理解することが大切なのです。

相手を傷つけずに、言いたいことを伝える「言葉選び」とは？

地雷ワードが、夫婦間の会話のなかで頻発する大きな理由としては、男性と女性の性差、生物学上の違いが挙げられます。一般的に、**男性は論理優先的**で、**女性は感情優先的**と考えられています。男性は目的を成就するために効率を優先させがちな一方で、女性は目的達成までのプロセスを楽しむほうに重きを置きがちなのです。こうした違いが会話にも表れる傾向があるため、この点を把握するかしないかで、異性の相手に向けて発する言葉にも差が出てきます。しっかり**言葉を選んで、いかに相手を傷つけたり、イラ立たせたりせずに、自分の考えを伝えるかが大切**なのです。

夫側は、家事・育児について、その苦労や大変さを理解していないことが多いです。たとえば、ふとした際に「手伝おうか」と夫が優しく声をかけても、妻をイラ立たせることがあります。なぜなら「手伝う」「協力する」という言葉は、自分は当事者ではないというスタンスから発せられるからです。つまり、夫の立場でありながら、家事・育児に対して責任を負うのは妻であり、自分ではないという姿勢であると受け取られるため、妻の気分を害してしまうのです。令和のこの時代、妻が何より夫に求めているのは、主体的に子育てに参加する意識です。お互いが言葉選びに気づかい、お互いの立場や状況を意識しながら相手に接することができれば、地雷ワードは確実に減り、家庭は居心地の良い場所となるでしょう。

Contents

Chapter 01

夫婦の

夫にとっては何気なく言っただけのひと言。しかし、気づかいが足りないと、悪気がなくても妻を怒らせたり、傷つけたりすることも…。Chapter 01 では、妻に対して夫が“言いがち”な地雷ワードを学んでいきましょう。

地雷ワード

言ってくれればやったのに～

「ちょっとしたひと言」が夫婦ゲンカの原因になることも。夫婦円満の秘訣は、お互いを気づかう心と言葉づかいです

地雷ワード 01

オレも家事とか育児とか 手伝うから

手伝うよ♥

で、オレはなにすればいい？

……

妻に対することばの選択には細心の注意を

たとえば、共働き夫婦であれば、妻は仕事と家事・育児との両立のために、身も心もすり減らす毎日を送っています。そんな状況を改善するため、夫婦で話し合い、いざ役割分担を決めようとなったときに夫がこんな言葉をかけてしまうことがあります。そもそも、「手伝う」という言葉を選択した時点で、夫側に**「家事、育児のメインはあくまで妻」**という潜在意識が働いているのを感じ取れます。本来は夫婦で行うべき子育てに対して**どこか他人事のような立ち位置**であることをほのめかしてしまったわけです。夫としては特に意識せず「手伝う」と言っていたとしても、その語感に主体性のなさが感じられるため妻のモヤモヤは残ってしまうでしょう。

夫へのひと言 ＞ 34歳Aさん

家事・育児だって

テメーの仕事だろ!!

オレも家事とか育児とか分担するね

分担とは「分けて受け持つ、負担する」という意味。この言いまわしであれば、夫婦は対等で、自分も参加したいという意欲を伝えることができます

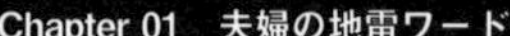

地雷ワード
02
休みの日くらい ゆっくりさせて

基本的に子育てには休みナシ

休日に妻から頼み事をされたときの定番ワード。「休みの日くらい仕事の疲れを癒したい」という気持ちはわかりますが、夫は会社を離れれば仕事から解放されるのに対し、妻はミルクやオムツ交換、お風呂など、特に**乳幼児期の子育てには１日休むという考えは通用しません**。休日だからと一人優雅にスマホをいじっていたり、趣味に没頭したりする姿も、妻からすれば怒りが積み重なる原因に。

夫へのひと言 ＞ 28歳Sさん

じゃあ、アタシは いつゆっくりすればいいんだよっ！

地雷ワードの言い換え

休みの日はかわりばんこでゆっくりしようか

「ゆっくり休みたい、でも文句を言われそう」という雰囲気を打破するためには、妻にも同じだけの自由な時間をあげましょう

オレがやってあげようか？

妻の反感を買う恩着せがましい態度

育児に関してほとんど手伝いをしたことがない夫が、気が向いたときに発しがちなひと言。「してあげようか」という言葉の響きには**上から目線の恩着せがましい態度がアリアリと感じ取れます**。さらに、家事、育児は妻の役目である、という思い込みにより「きっとオレに感謝してるな」などと考えてしまっている場合も黄色信号。当たり前のこととして自発的に参加しましょう。

夫へのひと言 ＞ 40歳Oさん

何様ですか？

地雷ワードの言い換え

オレが代わるよ

妻の負担を減らすために「オレがバトンタッチしてがんばるよ」というニュアンス。しっかりやってくれそうな感じが伝わり、リーダーシップ感も醸し出せます

地雷ワード
04

おかず、これだけ？

「手抜きじゃない？」というニュアンスが漂う

忙しいなか、妻がバタバタと夕飯を準備し終えたところ、夫が食卓に座るなり言い放ちがちなひと言。子どもの分も含めてフライパンひとつでつくれるものしか調理できない、あるいは家計の事情などいろいろあったうえでの料理なのを理解していない夫の無自覚発言といえるでしょう。妻からすると**「手抜きじゃん」**というニュアンスを感じ、がんばった成果すら否定された気持ちになるひと言です。

夫へのひと言 ＞ 36歳Bさん

これだけ。

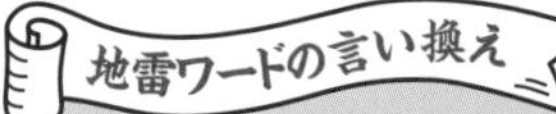

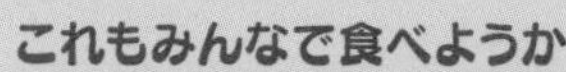

あと一品欲しければ、自分でつくって「みんなで食べようか？」と提案しましょう。ただし、あなたが手に取った食材を見た妻が「それ、明日使うから」と言ったら諦めましょう

地雷ワード

05

昼ごはんは 適当にあるもの でいいから

“気づかっている風”だけど色々抜けている夫

休日に妻が「食材少ないけどお昼どうしようかな…」と言ったところ、昼食時に夫が発しがちなひと言。本人は「なんでも大丈夫」と気を利かせたつもりでも、妻は**「自分で考え、つくるという選択肢はないのか」**というイライラを覚えるでしょう。また、『適当にあるもの』という言葉には妻が選んで買った食材であることが抜け落ちているため、「自然と湧いて出たわけじゃねぇ」という怒りも。

夫へのひと言 ＞ 32歳Mさん

適当なもんくらい 自分で作れ!!

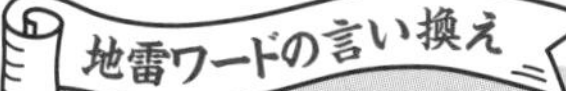

面倒をかけて悪いけど、昼ごはんつくってくれる?

自分でつくれない、つくらないのであれば、とにかくまずは昼食をつくる労力への労いが大事

地雷ワード
06

オレのメシは?

殿様気分ですべての家事は妻任せ

休日でも朝から赤ちゃんに起こされ、自分の食事すら離乳食の残りやパンをかじるなどしてすます妻。そこに朝寝坊して起きてきた夫が、何も用意されていない食卓を見て発しがちなひと言。妻の立場とすれば、「好きなだけ寝てる」というだけで不公平なうえに、いつ起きてくるのかわからず、**離乳食づくりなどに参加する素振りも見せない夫**のための朝食の優先順位は必然的に一番下となります。また、これは夫の休日に、妻が体調を崩してソファで横になっているときなどにもよく聞かれるセリフです。**相手の身体を気づかうより先に自分の食欲を満たすことしか頭にない**夫に対し、妻はただただ脱力感を覚えてしまうでしょう。

夫へのひと言 > 28歳Fさん

ねーよ！
見りゃわかんだろ!!

地雷ワードの言い換え

オレのご飯もつくってもらえるとうれしいな

本当は「休日くらいオレがつくるね」と言ってほしいところですが、料理下手だったり、台所を汚されたりしても困ります。妻に面倒をかけることへの申し訳なさをにじませつつ低姿勢でお願いすれば、つくるほうも気持ちよく料理できます

地雷ワード
07

仕事なんだからしょうがないだろ

できない言い訳の免罪符はいつも仕事

休日に家族で外出する計画を立て、子どもも楽しめるところへ行こうとしていた矢先、前日などに夫から発せられる定番の反故ワード。**仕事を理由にすれば何でも許されるような口ぶり**で言い放たれることが多く、その物言いに諦めよりも、怒りの矛先を向ける相手がいないことにイラ立った妻に、「単に仕事の効率が悪いから休日出勤になったのでは」と勘ぐられても仕方ないでしょう。

夫へのひと言 ＞ 27歳Bさん

四の五の言わずに
調整……しろ!!!

地雷ワードの言い換え

どうしてもの仕事が入っちゃって本当にごめん

「どうしてもの～」とつけると優先順位が高いイメージになり「仕方ない」と思ってもらえます。さらに「本当に」をつけることでより深い謝罪に

結婚してから変わったよね

自分の見栄えより子育てを優先するのが母親

日々、子育てに励む妻を見て、ふと気づいたように夫が漏らしがちなひと言。子どもが生まれて目を離せない状態になると、メイクを念入りにする余裕もなく、着る服も機能性重視になるものです。そんないわゆる**所帯じみた妻に対しての不満**かもしれませんが、本人としては余裕がなくてできないのが本音で、そんななかでのどこか他人事のような発言だけに、妻の不満を募らせることに。

夫へのひと言 ＞ 32歳Mさん

じゃあ明日からメイクするから
育児全部頼むね！

地雷ワードの言い換え

オレが準備するからたまには二人でオシャレして出かけない？

夫が子どもの荷物をまとめたりして時間をつくり、二人ともオシャレして出かけることで、相手の魅力を再認識できるかもしれません

地雷ワード
09

子どもの弁当つくるなら、オレの分もついでにつくってよ

何も手間がかからないような言い草

保育園のイベントなどで子どもに弁当が必要なとき、「早朝から支度しなきゃ」と夫の前で口にした際、屈託ない口調で放たれるひと言。夫が弁当にしたい理由は、**単に昼食代を浮かせたいだけ**のケースが多く、「ついでに」の言葉には「一人分つくるなら労力同じでしょ」という間違った認識も見え隠れします。忙しい妻の負担を増やすだけの要望という自覚のなさに妻はただ呆れるしかありません。

夫へのひと言 ＞ 32歳Aさん

ごはんだけ詰めとくから
小遣いでおかず買って

地雷ワードの言い換え

おいしそうだから、
オレの分もつくってほしい

「おいしそうなのでうらやましい」という気持ちを素直に伝えることで、妻も「ついでにつくってあげよう」という気持ちになります

地雷ワード
10

年賀状づくりは、任せたね

すべての作業を妻に丸投げ

暦も師走に入り、多方面で忙しくなってきた最中に出勤前の夫から発せられた何気ないひと言。デザイン決めから業者への発注、ひと言コメントまで、**すべての作業を妻に丸投げして、夫は何もする気がない発言です**。家族や友人、知人分ならまだしも、夫の会社関係の賀状も含まれるため、妻としてみれば、「なぜ私がやらなければならないのか」という理不尽さにただ打ち震えるばかりなのです。

夫へのひと言 ＞ 35歳Sさん

お前の上司に「給料上げてくれ」って書いておくけどいいよな！

地雷ワードの言い換え

オレにはマネできない年賀状づくりの才能があるから、今年もお願いします

年賀状の作成は対外的な挨拶として重要な作業です。「自分にはできない」と妻の有能さを認め、丁寧にお願いしましょう

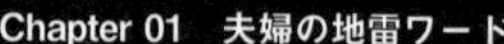

地雷ワード

11

言ってくれればやったのに

指示待ちの協力だったら頼まないほうがマシ

夫は家のことなど「何もやってくれない」と思った妻が、不満を漏らした際などに放たれる夫のひと言。**長らく玄関などに置きっぱなしにしていた大きな荷物を妻が一人でせっせと片づけているのを見て、「言ってくれれば…」と後ろから声をかけるなんてシチュエーションが多いです**。夫側はあくまで「言ってくれれば」というスタンスなので、妻から頼まれなければやる気はないし、全面的に責任を負うつもりもないという基本姿勢が見え隠れする発言です。特に共働き家庭の場合、家事・育児を夫婦で平等に行うことは当然のことであり、“言われたらやる”というスタンスは、発言だけでなく、態度としても控えるべきでしょう。

夫へのひと言 > 38歳Kさん

自主的にやることは ハイボールつくるだけか!?

地雷ワードの言い換え

気がつかなくてごめん。これからは気をつけるね

地雷を踏みそうなときは、素直に謝ることが先決です。できないことの弁解や「あとからこうすれば」「こうしたらやった」といった言い訳をするのではなく、「今回はできなかったけれど、次はがんばる」という姿勢を見せましょう

地雷ワード

12

○○の奥さんは スタイルいいよね～

妻のプライドを傷つける厳禁ワード

夫婦の会話で、つきあいのあるＡさん一家の話題になったときなどに、ふとつぶやきがちな夫のひと言。実際にその奥さんはスタイルがよく、夫としても下心は皆無かもしれません。でも、妻としては同じ女性として少なからずプライドがあるはずで、**比較の対象とされ、自分が下に見られた**ように思った時点で自身の敗北感というより、その評価を下した夫に対し、強く憤りを感じてしまうのです。

夫へのひと言 ＞ 32歳Sさん

遠回しにアタシが デブって言いたいわけ？

地雷ワードの言い換え

○○の奥さん、スタイルキープは何をしてるんだろう？

妻も夫も知りたいこと、興味の一つに「スタイルキープの秘訣」があります。同じことに興味を持つことで夫婦の会話も弾みます

地雷ワード

13

SNS見るのもいいけど、まずは子どものこと最優先でしょ

口だけ正論は妻をイラ立たせるだけの結果に

1日家事をこなし、ほっと一息ついたときにSNSをのぞいて気分転換をはかろうとした妻に対する夫のひと言。「子どもの発育には一緒に遊ぶことが大切」などどこかで聞きかじった情報をもとに、知育玩具などで一緒に遊ぶよう暗に促しているのですが、普段から**子育てをすべて妻任せにして、自分は口だけ**というケースが多いだけに妻のイラ立ちだけが募る結果を生んでしまうわけです。

夫へのひと言 ＞ 31歳Iさん

では、見本を見せてくださいな！

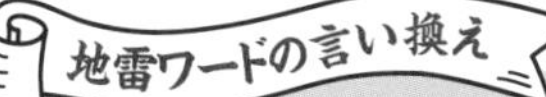

子育てをがんばっていることをSNSで発信してみたら？

SNS優先の妻に子育てを優先してもらうには、妻がしっかりやってることを前提に一挙両得の提案をしてみては？

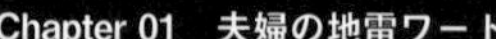

地雷ワード
14

こっちは仕事が大変なんだよ

「昭和の男」臭が漂う決めゼリフ

特に専業主婦の妻が、夫に対して子育ての不安や不満をもらしたときなどに返ってきがちなひと言。元々夫側は「夫は外で働き、妻は家庭を守るべき」という昭和臭い考えに囚われているケースが多く、**「自分は１日外で働いてお前たちを食わせているんだ」**といった態度を崩しません。夫婦対等の子育て参加が望まれる令和のこの時代にとっては、「だとしても一緒にやって」感が漂います。

夫へのひと言 ＞ 34歳Kさん

アンタ、自分だけが大変だと思ってるわけ？

ごめん、
能力が認められてガッツリ仕事させられてさ

能力のない夫が仕事といっても納得できないもの。大げさに能力をアピールすれば、妻はクスッと笑えて許す気持ちになるでしょう

地雷ワード
15

それよりさ、○○やってくれた？

相手の話を遮るのは一種の拒絶

子どもの成長具合やママ友との会話などを伝えている際に放たれる夫からのひと言。妻としては「そんなことあったんだ！」などのリアクションが欲しいのに「それより実家にみかんのお礼の手紙、出してくれた？」など、億劫で後回しにしていた作業の話に急に戻されると、不満が募ります。また、意図的に遮ったわけでなくても**「私の話は聞きたくないのね」**と受け取られるため要注意です。

夫へのひと言 ＞ 26歳Dさん

決めた、
もう何も話さない

地雷ワードの言い換え

話を遮ってごめん。忘れると大変だから聞きたいんだけど、○○ってやってくれた？

話を遮ることを先に謝ることでソフトな印象に。話の途中で割り込むほど重要なことであることをしっかり伝えてからたずねましょう

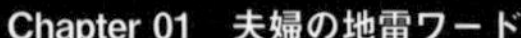

地雷ワード
16

あとでやるよ

とにかく今やってほしい

日中は家事や育児をワンオペでこなしていても、夫の帰宅後や休日などにはやはりパートナーのヘルプが欲しいもの。そこで「リビングの片づけして」とか「掃除機かけて」などとお願いしたときに夫から返ってきがちなひと言。結局待ってはみたものの、**いつの間にかフェイドアウトしたり、夜になって「また今度やるわ」と言う**などの言動が見られるため、言われたらすぐに行動しましょう。

夫へのひと言 ＞ 28歳Tさん

デター！
やるやる詐欺!!

地雷ワードの言い換え

あと15分待って。○○だから

夫婦円満の秘訣は「頼まれたらすぐやる」ですが、すぐにやれないときは妻が納得する理由を伝えましょう

地雷ワード
17

オレのパンツないんだけど

畳んでないことを責めるような口調で

風呂上がりにタンスなどを開けた後、全裸のまま踵を返した夫が妻に向かって放ったひと言。日中干した洗濯物が取り込んだままだったときなど、収納場所になかったというだけで**「何で畳んでないの？」的なニュアンスの責め口調**で夫から発せられます。その不満気な口調に加え、これみよがしにごそごそと乾燥機などを漁る姿に「何で私だけがやることになってんの？」と妻の不満が募ります。

夫へのひと言 ＞ 36歳Jさん

穿かなきゃいーじゃんw

地雷ワードの言い換え

ごめん、探し足りないかもだけど、オレのパンツ知らない？

まずは「自分で探してみたけど見つからない」ことを謝り、あくまでも低姿勢で「知らない?」とたずねましょう

地雷ワード 18

ってかゴメン。で、結論は？

話が長いので早く結論を出したい夫

友だちとケンカをして、小さな傷をこしらえて帰宅した我が子を見て驚いた妻。先生が電話で事情を説明してくれた後、「相手の子が先に手を出したらしいから向こうが悪い気がするけど、そもそもうちの子は、最初は違う子と遊んでて…」などと帰宅した夫に事情を具体的に説明して対応を相談しようとしたところ、悪びれもせずに吐かれたひと言。**「結論から逆算して対応すればいいじゃん」という感情度外視の考え方**で、「それくらいのことうまくやってくれ」という本音が見え隠れします。また、こういった大事な相談にもかかわらず早く切り上げようとする様には**「いつも話長いんだよな」というニュアンス**が漂います。

夫へのひと言 ＞ 29歳Eさん

間違った結論出したら

お前のせいだ!!

わかった、一緒に考えよう

妻はその場にいない夫にわかってもらいたいからこそ、一部始終を説明したいのです。まずは「わかった」と一生懸命話す妻に安心感を与え、「一緒に考えよう」と提案することで結論へ誘導しましょう

地雷ワード 19

最近、メチャメチャ口内炎できるんだよね

生活習慣の乱れが招いたものを妻の責任に

食事時など、夫がわざとらしく顔をゆがめながら発するひと言。口内炎ができる原因のひとつは栄養バランスの乱れですが、暗に**サラダなどが出てこない妻の料理に対して、「自分の健康に関する気づかいが不足しているのでは？」とでも言いたげ**な雰囲気が漂います。飲み会続きなど生活習慣の乱れであることは棚にあげ、妻ばかりの責任を問うような態度だけに、許される発言ではありません。

夫へのひと言 ＞ 36歳Hさん

じゃ、今夜は栄養満点の酢の物とトムヤムスープにするね♡

地雷ワードの言い換え

なんか最近、すごくサラダが好きになったんだ

妻に「栄養バランス考えてよ」と言うのではなく、「サラダを体が求めている」ということにして献立の希望を伝えましょう

地雷ワード

20

自分で○○したから

やって当然の仕事をわざわざ口にする意味

普段、家事を妻に任せっきりにしている夫が、自分でやった際にわざわざ発しがちなセリフ。「自分で食器洗ったから」「自分で布団畳んだから」など、本来は自分でするのが当然の行為をいちいち口にすることで、**感謝の言葉なり、何かしらの見返りなりを求めるアピール心**が見え隠れします。恩着せがましさだけが香り立つワードだけに、妻としては相手にしたくない気持ち満々となるわけです。

夫へのひと言 ＞ 26歳Dさん

アンタはいちいちホメなきゃ

何もできない子どもかっ？

妻は当たり前のことをされてもほめたりできないものですが、「ほめてもらいたい」と正直に言われると素直に「ありがとう」と言えます

地雷ワード

21

あ～疲れた

自分だけが疲れているアピールは通用しない

会社から帰宅した夫が、妻と視線が合うなりため息交じりに吐きがちなひと言。自分がいかに１日仕事に力を注いだのかというアピールとともに、**「家の手伝いとかはしたくないから察してね」という内に秘められた願望も見え隠れ**しています。１日家事や育児、さらには仕事にと気合いを入れてこなしてきたなかで、そんな言葉を聞かされた日にはただただゲンナリするだけの妻なのです。

夫へのひと言 ＞ 35歳Nさん

テメーだけじゃねえ

地雷ワードの言い換え

今日もがんばってきたよ

「あ～疲れた」はネガティブに聞こえるので、妻に甘えたい、労ってもらいたいというときには言葉をポジティブに変換しましょう

地雷ワード
22

燃えるゴミの収集日っていつだっけ？

自分で管理しないものについては把握せず

「今週のゴミ出しお願い」などと夫に頼み事をしたときによくある返答例。妻としてはキッチンにゴミがあふれるのを避けるため、収集日には必ずゴミを出しておきたいもの。ところが、夫の側はそんな事情なんて無関心で、あくまでも**「責任の所在は妻」と決めつけている**ため、記憶にとどめておくことすらしません。この言葉を聞くたびに、妻はため息をつくしかないという結果に。

夫へのひと言 ＞ 39歳Mさん

買ってこないと…

地雷ワードの言い換え

任せきりで悪かったけど、燃えるゴミの収集日を教えて

ごみ捨てを妻に任せきりだったことを謝り、わからないことは聞いて「これから覚えます」という意思表示を

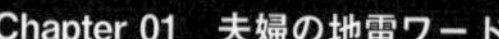

地雷ワード
23
今日、飲み会になったわ

しれっと言える無神経さにイラッ！

子どもが目の離せないうちは友人や職場の同僚などと気軽に外食などできない妻に対し、夫はこんなワードをメールで送りつけただけで、ほろ酔いで帰宅というケースもよくある光景です。当然妻としては**「自分だけいいよね」とそのお気楽さと無神経さにイラ立ちを募らせます**。ちなみに、この報告が忙しいなか夕飯の支度を終えた後にされた場合、火に油を注ぐだけの結果となるのは必至です。

夫へのひと言 ＞ 31歳Sさん

それ、私が当日言ったらどうなると思ってる!?

地雷ワードの言い換え

今日の飲み会断れなくて、本当に申し訳ない

飲み会に行きたい、行かなければならないというときは丁寧に謝り、「断れない自分」の至らなさへのお詫びもつけ加えましょう

あー飲み会、行きたくないなぁ

多少の後ろめたさは感じていると思われるが

　以前から決まっていた夫の飲み会がある当日の朝、わざとらしく苦々しい表情をつくりながら発しがちなひと言。いかにも**仕方がないという雰囲気を醸し出す**のは、若干の後ろめたさも感じているからでしょう。妻としては「じゃ、断ればいいのに」と言いたいところですが、「ほら、つきあいだからさ」と返答されるのはわかっているので、その白々しい態度に余計イラ立ちが増すことに…。

夫へのひと言 ＞ 30歳Kさん

白々しいウソつくな！

地雷ワードの言い換え

今日の飲み会、行かせてくれてありがとう

「行きたくない」と言ったところで、妻は「だから何？」と感じるだけ。夫のつき合いに理解を示そうとしてくれている妻への感謝の気持ちを素直に伝えましょう

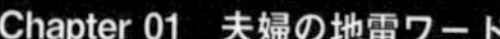

地雷ワード 25

今からやろうと思ってたのに

なぜか逆切れ気味だが単にド忘れしただけ

夫に頼み事をした後、しばらくしてから「あの作業、やってくれた？」と確認したときなどに返ってきがちなひと言。ゲームの最中にお願いしても、コントローラーの操作に夢中で後回しになるばかりか、完全に忘れ去っていることも。妻としては責める意図はなかったのに、夫が**勝手にやましさを感じて逆切れ**している状態なので、結果として、妻から軽蔑の眼差しを向けられることに…。

夫へのひと言 ＞ 35歳Sさん

やろうと思ったのは、今なのね？
頼まれたのはいつだっけ

地雷ワードの言い換え

後回しにしてごめん。今からすぐやるね

「今やろうと思っていた」としても、やっていないのは事実。反省して謝り、すぐに取りかかりましょう

地雷ワード

26

……（無言）

極端な行動は夫婦関係に亀裂を入れるだけ

いろいろと妻の機嫌を損ねてきた夫が、地雷を踏まないようにと思案した挙句、**「できるだけ会話をしなければいい」という極論に達した**際の行動。妻は終日家事・育児に追われ、ひとりで不安や悩みを抱えて過ごしています。そこに夫が帰宅して孤独の戦いから解放されると思いきや、無言のまま話も聞いてくれないのでは、妻の不安やイライラは募るばかりで、危険水域を超える日も近いかも…。

夫へのひと言 ＞ 39歳Eさん

ちゃんと聞いて反応しろよ！

私は1日ひとりで戦ってるんだよ！

地雷ワードの言い換え

ごめん、仕事モードから家庭モードに切り替えてから聞くね

仕事が終わって帰宅しても、頭や行動はすぐに切り替えられません。そのことを妻に説明したあと、しっかり話を聞いて答えましょう

column①

相手軸に立って考えることができれば夫婦ゲンカは激減する

相手の気分を害してしまうメッセージとは？

本章でご紹介した地雷ワードのように、何気ないひと言が原因で夫婦ゲンカに発展した経験は多くの人がお持ちだと思います。**夫婦とはいえ、人は自分以外の誰かを完全に理解することはできません**。そのため、片方から発せられた言葉が、相手を憤慨させたり、イラ立たせたりしてしまうことは、仕方のないことなのかもしれません。

しかし、パートナーとの関係を悪化させがちな人の発言には、ある共通点があるのも事実です。それは、**相手へのメッセージがすべて「自分都合」**であるということです。相手が今どんな気持ちで、どんな状況にいるのか、考慮がされていないというケースが多いのです。この点に気づくか気づかないかが、夫婦間のコミュニケーションの良し悪しを左右するといってもいいかもしれません。

相手の立場になって言葉をかける大切さ

では、自分都合にならない会話にするためには、どうしたらよいのでしょうか？

その答えは、**「相手軸」に立ってものごとを考える**ことです。とかく夫婦間の口論のきっかけとなるのは、自分の考えや要求を相手が理解してくれないというケースが多いもの。それも当然で、自分の都合をただ押しつけているだけという場合がほとんどだからです。

こうした事態を避けるためには、相手の気持ちをはじめ、今の状況や仕事の環境、性格などを考慮して想像力を働かせることです。極端にいうならば、恐山のイタコのように、相手の気持ちになりきって、想像のなかで相手の身体に入ってみるのです。

たとえば、仕事中の夫に「今夜、何が食べたい？」とLINEでたずねたとします。この言葉の裏には、妻のなかに「おいしいものをつくって喜ばせてあげたい」という相手を思う心があるはずです。ところが、そこで夫から「何でもいい」という返事があった途端、妻はイラ立ちをおぼえてしまうのです。せっかく自分が相手によかれと思ってたずねた言葉に対し、そっけない返事が戻ってきたことにムッとしてしまったわけです。

相手軸に立てば自分が救われることに

次に、夫目線に立って考えてみましょう。たとえば、プレゼン前の急な資料づくりに追われているときに、「晩ごはんのメニューどうする？」という呑気なLINEが届いたら、どう思うでしょうか？

やはり、イラっとしたりサラッと返信したりするはずです。

こうして相手軸に立って想像してみると、いかに自分都合で相手に質問をぶつけていたかに気づくことができるのです。相手軸に立つという行為は、どこか自分を押し殺して、相手に譲歩しているようで、悔しいと感じる人もいるかもしれません。でも、それも考え方次第です。**夫婦とは、1つの車の両輪のようなもの**です。相手軸に立つことで、相手への理解度は深まり、夫婦関係も良好になり、結果として自分が救われることになるのです。

Chapter 02

子育て中の

子育て中の夫婦はお互いに忙しいので、些細なことをきっかけにケンカをしがちなもの。特に夫の無関心が原因の“ワンオペ育児”は、妻の体と心を追い詰めます。Chapter 02では、子育て中によくある夫の無神経発言を見ていきましょう。

地雷ワード

子育ては女性の役割というのは昔の考え方。夫も当事者として妻と一緒に育児に励むことで、自然と妻への気づかいの心も芽生えます

じゃあ〜
オレが仕事やめて専業主夫になってもいいよ？

はあっ
なんで片づけられない子になっちゃったんだろ！！
私のせいって
ってる…？

地雷ワード
01

大変だろうから、夕飯は 買ってきて すませちゃえばいいよ

夫

大変すぎて
夕飯作るの
無理そう…

それなら適当に
買ってきて
すませちゃえば？

子育てに忙しい妻にさらに買い物させる!?

子どもの機嫌が悪かったりして、最低限の家事と育児は何とかすませたものの夕飯の支度まではできそうもないと判断した妻が、LINEなり電話なりで夫に相談をしたときなどに返ってくるひと言。得てして最初は**「それはつらいよね…」**といった寄り添うようなコメントを送りがちですが、「つらいよね」と前置きすることで、いかにも自分は妻の身体を心配しているようなニュアンスを醸し出しつつも、「買ってきてすませば…」とわざわざ買い物のためにスーパーに立ち寄らせるという、**真逆の提案を同時に行っていることに本人は矛盾を感じていません**。言われた側の妻は気づかってもらっているとは思わないでしょう。

夫へのひと言 ＞ 31歳Kさん

お前がな

(お前が買いに行けな!)

地雷ワードの言い換え

大変だろうから、オレが買い物して帰るよ

仕事帰りで買い物をする時間がないときは、「大変だろうから、あり合わせの食材でオレがつくってみるよ」などと協力する気持ちを示すとよいでしょう

地雷ワード
02
はい、じゃあ ママのところへ 行こうね〜

都合が悪くなるとすべて妻へ

休日に夫が公園などで子どもと遊んでいる最中、突然泣き出す我が子に対してオロオロしはじめると、こんな言葉とともに妻のもとに連れてくる光景が世間では散見されます。一緒に楽しく遊んでいるときは良いですが、「帰りたくない」と言い出したり、子どもの機嫌が悪くなったりするのもよくあること。そんなとき、**面倒だからと妻に押しつけている**ように見えてしまうので注意が必要です。

夫へのひと言 ＞ 29歳Aさん

丸投げする前に
もうちょっとがんばれ

地雷ワードの言い換え

ママお願い。
泣き止んでもらいたいときの方法を教えて

困ったから妻に振って任せるのではなく、自ら育児に参加しているという姿勢を見せることが大切です

地雷ワード

03

やっぱ、オレ わからないから、ママやってよ

完璧にやれとは頼んでいないのに

妻の手が回らず、保育園や習い事の準備などを夫に任せたときのひと言。最初は安請け合いするものの、今まで見たこともない数々の子どもの持ち物などに向き合った途端、このセリフと共に**数分で諦めてしまいがち**です。すぐに妻に託そうとする姿勢から、理解して改善する気も、子どものやっていることにきちんと向き合う気もないと受け取られてしまうでしょう。

夫へのひと言 ＞ 33歳Nさん

お前、それでも父親か!?

地雷ワードの言い換え

オレ、わからないから教えて

家事や育児は真剣に向き合わないとわからないことだらけです。妻にすべて任せようとするのではなく、「できることはやりたい」という真剣さを示しましょう

ほかのお母さんは みんな ちゃんとやってるよ

本当の実態を知らないはずの「みんな」

妻がうっかり忘れ物をしたり、忙しくて掃除や片づけができていなかったり、お金の振り込みを忘れたりなど、日常のなかで些細なミスがあった際に夫が言いがちなひと言。「もっとしっかりやってよ」という意味合いなのでしょうが、言われた側は**「オレの給料で暮らしているのに主婦としての働きが不十分だよね」**というニュアンスをも含んでいるように感じてしまいます。実際はほかの家庭の実態を知っているわけではなく、**「みんなやってる」というひと言で、自分の意見を一般論にするため**の小ずるいロジックでもあります。妻からすれば反省しようと思うよりも「じゃあ、ほかの人と結婚すれば？」と言いたくなるセリフかもしれません。

夫へのひと言 ＞ 27歳Mさん

ほかの旦那さんは、みんなもっと育児に協力しているよ？

地雷ワードの言い換え

オレにもできることがあれば言ってね

子育てに疲れ切ってうっかりミスしたときに「みんなちゃんとやってる」などと言われたら、妻は怒りを通り越して殺意を覚える危険性も…。まずは妻を労い、妻の仕事の負担を減らしたいという気持ちを伝えましょう

地雷ワード

05

じゃ、オレが仕事を辞めて **専業主夫** になってもいいよ？

不可能なことを押しつけるモラハラ発言

口論の最中に、専業主婦なりの苦労を訴えたときなどに、夫から見下したような態度と共に発せられるひと言。妻からしてみれば、「オレと同じくらい稼いだら？」「人の苦労も知らないで自分だけつらい思いしてるアピールかよ」などと思っていると感じるはずです。夫側は**「誰の稼ぎでメシが食えてるんだ」**的な昭和臭プンプンの基本姿勢で言うことの多いセリフですが、よほどのキャリアを積んだ女性が休職中というのであればいざ知らず、**現状明らかに不可能なことを要求することでマウントをとろうとする態度**です。夫の器の小ささを浮き彫りにするばかりか、夫婦間に修復しがたい亀裂を入れる危険性すら秘めたワードといえます。

夫へのひと言 ＞ 30歳Jさん

あなたには無理そうなので、不採用とさせていただきます

地雷ワードの言い換え

オレにはできないことをやってくれて、感謝しているよ

妻は、自分がやっていることを夫にもやってもらいたいわけではなく、やってみると「実は大変」ということを夫にわかってもらいたいだけなのです。夫は素直に感謝の気持ちを伝えましょう

そんなことしたら、ママに怒られちゃうぞ～

子どもからの好感度を下げたくないだけ

いたずらをした我が子に対して、世間一般の夫が吐きがちな定番ワード。普段は遊んであげられない罪悪感からか、単に悪者になりたくないだけなのか、自分の言葉で叱ることをせず、**妻だけに管理責任を押しつけようという態度**なのは明らかです。叱責することで子どもからの好感度が下がることへの恐怖心ゆえの言葉なのでしょうが、妻はむしろ夫に対して怒りを向けることになりそうです。

夫へのひと言 ＞ 33歳Yさん

悪役になるのは

いつもアタシかよ！

地雷ワードの言い換え

そんなことしちゃダメだよ。
○○ちゃんを大好きなママが悲しむから

子どもに対しては「ママに怒られる」と脅し文句を言うのではなく、「なぜダメなのか」をわかりやすく説明するようにしましょう

地雷ワード

07

子どもの夜泣きが大変でさ～

いかにも自分があやした風に語りだす

友人などと家族で会った際、「子育てはどう？」とたずねられた夫が嬉々とした表情で言いがちなセリフ。「毎晩だから困るんだよね～」などと**いかにも自分があやしているような話しっぷり**で友人の同情を誘います。しかし実際には、夫はうるさがって布団にくるまったり、夜泣きもなんのそので寝息を立てていたりするため、「毎日やってる感」を装う発言に妻はイラ立ちを隠せません。

夫へのひと言 ＞ 28歳Mさん

あなたが何もしてくれなくて私が大変なんですぅー！

地雷ワードの言い換え

オレは大丈夫だけど、妻が大変でね

本当に毎晩起きて子どもをあやしているならよいですが、妻の苦労を自分の苦労のように言うのはNG。友人の前でも、妻の大変さを労ってあげましょう

地雷ワード
08
はーい、このはちみつも栄養満点だから食べようね～

赤ちゃんについての知識は皆無の夫

朝食時など、妻がバタバタと支度などで忙しくしているなか、赤ちゃんの離乳食を夫に任せた際のひとコマ。赤ちゃんにはちみつはＮＧ食材の代表格で、驚いた妻がすぐ止めなければ危険な状況ですが、夫は自分の無知を恥じることなくイクメン気取り。産んだ瞬間から母としての自覚スイッチがオンになる妻としては、**子育てに対し他人事のような意識を抱きがちな夫**には不安しか感じられません。

夫へのひと言 ＞ 30歳Yさん

子どものこと、もっと勉強しろや!!!

地雷ワードの言い換え

はちみつって赤ちゃんに食べさせても大丈夫?

本来であれば自分で勉強してほしいところですが、それができないのであれば、せめて妻に確認しながら赤ちゃんの世話をするようにしましょう

地雷ワード

09

熱が上がってきたなら、早めに病院に連れて行ったほうがいいんじゃない？

子どものつき添いはいつも母親の役目

子どもが熱を出してしまい、「でも休日だし、いつものとこやってないしどうしよう…」などと妻が言った際に夫から放たれるひと言。**「夫婦そろって行っても意味ないから、君が連れて行ってね」と暗にほのめかしている**ように聞こえます。子育てについての責任は夫婦共同であるべきで、そこから逃避しようとする態度に見えるだけに、妻に病院送りにされないよう注意する必要がありそうです。

夫へのひと言 ＞ 31歳Rさん

いや、アンタが
連れていってくれよ！

地雷ワードの言い換え

熱があるよ。
病院に連れて行ったほうがいいかな？

子どもに熱があることに気づいたのなら、まずは普段から面倒を見ている妻に報告して、最善・最速の対処を

地雷ワード
10

怒らない子育てをしようよ

理想の子育てと現実は違うことに気づかない

食事中に食べ物で遊びはじめたり、外出先ではしゃぎまわったりとやんちゃ盛りの我が子に対し、妻が厳しい口調で注意したときなど、傍で見ていた夫から発せられがちなひと言。**普段は仕事の忙しさを言い訳にして子育てに参加しない**のに、どこで聞きかじってきたのか「子どもはホメて育てるのが大切で頭ごなしに怒ってはいけない」などと**もっともらしい解説をしながらダメ出し**します。ところがその後、子どものやんちゃを妻が無視していると自分で注意しはじめるのですが、結局うまくいきません。仮にうまくいったとしても、そのときだけの話だし、そのドヤ顔に妻としては結局イライラしてしまうでしょう。

夫へのひと言 > 29歳Oさん

自分にできないことを
押しつけるんじゃねえ！

毎日の子育てで大変だよね。一緒にやろう

忙しくてゆとりがないときほど、妻は子どもを叱りがちになります。そんなときこそ妻に労いの言葉をかけて、自ら「怒らない育児」を実践する姿勢を示しましょう

地雷ワード 11

○○が生まれたのって何年だっけ?

子育てにきちんと参加していればわかること

妻が忙しく対応できないため、夫に子どもに関する提出書類の作成を頼んだときなどに漏らしがちなひと言。母子手帳と保険証をつねに持ち歩き、さまざまな書類と向き合ってきた妻と異なり、夫は我が子の生まれ年を気にする機会が少ないため、単純な度忘れとしてたずねてしまいがち。とはいえ、その言葉は**子育てにきちんと向き合ってこなかった証**であり、妻の反感を買うのは当然です。

夫へのひと言 ＞ 37歳Kさん

は!?

聞き違いじゃないよね……

○○って西暦で言うと何年生まれだっけ?

率直に「何年生まれだっけ」とたずねてしまうと、妻は「そんなことも知らないのか!」と感じます。「元号では覚えているけど、西暦を忘れた」ふりをすればややソフトな印象に

地雷ワード 12

えっ、何で起こしちゃうの？

ただ自分の時間が欲しいだけの言動

汗っかきの赤ちゃんは寝汗もすごく、あせも対策や風邪をひかせないよう、就寝中でも汗を拭いて着替えをさせることも必要です。そんな知識のない夫が言いがちなセリフですが、夫としては**「起きて泣き出したら困るだろ。なぜならオレは自分が安らぐ時間が欲しいのだから」**というのが本音でしょう。**事情も理解せず自分の都合だけを優先する態度**であり、妻の反感を買うだけでしょう。

夫へのひと言 ＞ 35歳Sさん

えっ、何でそんな自己中なの？

こういうときは着替えさせたほうがいいんだね

妻のとった行動に対する不満を口にするのではなく、妻の行動の意味を理解し、自分も覚えるという姿勢を見せるようにしましょう

地雷ワード

13

じゃあ、オレが 風俗行ってもいい ってことだね？

自分の欲求を満たしたいだけの夫

仕事・家事・育児に疲れ果てた妻に対し、男盛りの夫が夜の営みを要求して断られた際に発しがちなひと言。夫としては、夫婦間で性的欲求が満たされないのであれば、**外で処理することに文句を言われる筋合いはない**という論法です。とはいえ夫婦の営みがまったくないと悲しい気持ちになる夫もいるため、妻の状況も考えながら話し合うべきでしょう。

夫へのひと言 ＞ 33歳Aさん

その元気を 子育てに向けろ！

地雷ワードの言い換え

わかった。君の気持ちを大事にするね

自分の欲求よりも妻の気持ちを優先することを伝えれば、妻も申し訳ない気持ちになり、疲れていても受け入れようという気持ちになるものです

地雷ワード
14

今日、友だちと飲みに なっちゃった

すでに約束済みの飲み会を理由に

休日に家事や育児をお願いしようかと妻が思っていた矢先、機先を制するように放たれた夫からのひと言。勝手に友人と話を決めて「飲みになっちゃった」などと主張し、**無理やり巻き込まれたかのように伝えてくる**ことも。夫の協力を期待していた妻にしてみれば、「自分はもう何年も友だちとゆっくり飲みになんて行けてないのに」と怒りが湧いてくるセリフです。

夫へのひと言 > 35歳Fさん

今度から私も
当日に言うね

地雷ワードの言い換え

友だちより君が大事だから断るよ

このようにはっきりと「妻のほうが大事」と言われると、妻も自分の立ち位置に自信が持てるので、「じゃあ飲みに行ってもいいよ」と優しくなれる場合も

地雷ワード

15

え？ とりあえず動画見せてた

父子のコミュニケーションを期待したはずが

子どもの世話を夫に任せて、妻が買い物などで外出した際に、帰宅してリビングに入ると本人はスポーツ番組に見入り、子どもはスマホ動画に釘づけ。それを見た妻が「何してたの？」と問いかけた際の夫からのひと言。休日ぐらい**父子でコミュニケーションをとってほしい**という思いを裏切るように、自分の欲求のみを優先する夫の姿を見て、妻は今後の育児に一抹の不安をおぼえることでしょう。

夫へのひと言 ＞ 38歳Kさん

自分の子どもだろうが！

めんどくさがってんじゃねーよ！

地雷ワードの言い換え

動画を見せちゃっててごめん。
このあと一緒にお話しようと思う

「動画を見せていた」という事実はきちんと伝えつつ、妻が望んでいると思われる行動を察知し、すぐに行うことが大事です

地雷ワード

16

寝不足で二人ともダウンするわけにいかないから、オレは寝てるね

協力する気持ちを見せるべき

授乳期の赤ちゃんへのミルクは約２～３時間おき。これは夜中も続くだけに親の体力を奪います。ミルクはもちろん、母乳の場合も授乳中のサポートは夫に頼みたいところ。しかしその願いも空しく、いざ就寝というタイミングで夫から発せられるこのひと言。一見お互いを気づかったような前置きをしつつ、その言葉の裏には**「俺が起きていても意味がないから」**という本音が見え隠れします。

夫へのひと言 ＞ 27歳Kさん

夜中の授乳だって
二人の仕事だろ！

地雷ワードの言い換え

泣き止まなそうだから、オレが代わるよ

赤ちゃんの夜泣きを受け入れて、自分が代わると宣言することで、妻は「自分の大変さをわかってくれている」と感じ、夫への信頼も増します

地雷ワード
17

○○してくれるだけでいいから

簡単な作業を頼んでいるつもりでも……

「子どもを早く寝かせてくれるだけでいいから」とか「明日着ていくスーツにアイロンかけてくれるだけでいいから」など、その作業が**いとも簡単な作業のように頼み事をしてしまいがち**な夫。言われる側の妻としてみれば、次第にやんちゃ度を増す子どもを寝かしつけるのに何時間もかかったり、アイロンがけの準備から片づけまでをすませたりするのに、意外と手間がかかることに対して夫の想像力が及んでいないことにまずイラ立ちます。さらに、その言葉からにじみ出ている**「ほかのこともできてないけど、目をつぶる寛大なオレ」**というニュアンスが余計に妻の怒りを買ってしまう可能性もあるので、妻に頼み事をする際には細心の注意が必要なのです。

夫へのひと言 ＞ 37歳Mさん

その程度と思うなら

自分でやれや!!

地雷ワードの言い換え

オレも一緒に頑張るから○○してくれると嬉しい

妻の労力を省みずに「大したことない作業だからよいだろう」と頼み事をすると、当然、妻の機嫌を損ねます。「自分もやるので一緒にやってもらえると嬉しい」「助かる」という謙虚な気持ちで頼むとよいでしょう

地雷ワード

18

ごめん、仕事してた

子どもの不慮の事故の大半は親の不注意が原因

夫が子どもとリビングにいるのを確認し、妻が近所で用事をすませて帰宅すると激しく泣きじゃくる声が…。事情を聞けば子どもが転んで頭を打ったとのことで、大事には至らなかったものの、「見ておいてって頼んだのに」という妻の問いかけに対する夫の言い草。**本当に仕事をしていたとしても、子どもを見ていなかった**ゆえの事故だけに、父親としての自覚と責任を問われても仕方ありません。

夫へのひと言 ＞ 33歳Uさん

なんでも仕事って言えば
許される世界は終わったんだよ

地雷ワードの言い換え

本当に悪かった。
今後は絶対に同じことがないようにします

一歩間違えれば子どもの命の危険すらある行為に対して、母親は弁解を許しません。夫は誠意をもって謝り、「今後は絶対にしない」と誓うしかありません

地雷ワード

19

先に風呂入っちゃうね

ひとりで優雅なバスタイム？

夕食前後は家事が忙しいピークの時間であり、子どものバスタイムは夫に頼みたいのが妻の本音。そんな願いを知ってか知らずか、こんな言葉とともに我先に浴室に向かってしまうのが夫という存在です。単に**子どもを風呂に入れるのが面倒くさいのか、自分だけでゆっくり入りたいのか、あるいはその両方**なのか。常に自分優先の夫の行動は、妻の仕事と絶望感が増すという結果を生みます。

夫へのひと言 ＞ 30歳Tさん

まさか、一人で入る気じゃないよね!?

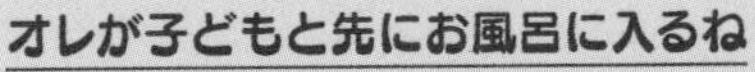

小さいうちの子どもとのお風呂タイムは、我が子が大きくなったら失われる貴重な時間。忙しい妻を助けるだけでなく、自分も楽しむつもりで率先して行いましょう

よその子はみんな19時には寝てるらしいょ

行動を伴わない豆知識は逆効果を生むだけ

時刻は 20 時過ぎ。夕食後にスマホ片手にソファでくつろぐ夫。子どもはまだ寝ておらず、食事の片づけを終えた妻がリビングに来て一休みしようと腰かけた瞬間、夫から発せられたひと言。寝かしつけをするわけでもないのに、わざわざ「我が家は 19 時にはぐっすりです！」「19 時に寝ると脳の発育に良い」などと書いてあるサイトのスマホ画面を見せてきて、「19 時に寝かせるメリット」などを解説してくださいます。**「オレは子どもの正しい育て方についてきちんと考えている」というアピール**なのかもしれませんが、行動がまったく伴っていないことに気づいておらず、その発言に対して妻がどんな印象を持つか想像できないようです。

夫へのひと言 ＞ 29歳Jさん

そこに寝っ転がってないで、

まずオマエが手本を見せろよ！

地雷ワードの言い換え

19 時に寝かしつけたいときは、どうしたらいいんだろうね

よその家族の例を出すのではなく、自分たち家族の問題としてとらえることが大事。子どものことでこうしたいという希望がある場合には、妻にどうしたらよいか相談を持ちかけるような言い方をするとよいでしょう

地雷ワード
21

オレ、体なまっているからちょっと走ってくるわ

自分の体型や健康を気づかう余裕が妻をイラ立たせる

休日でもいつも通り多忙な妻が、つい先刻までリビングでゴロゴロしていた夫に頼み事をしようかというタイミングで、いつの間にかスポーツウェア姿になっていた夫が発したひと言。**「健康でいないと家族を守れない」**などと自らの行動を正当化し、思い立ったように家を出ていきます。妻としては「私だって健康になるための時間が欲しいのに」というイラ立ちを募らせてしまうでしょう。

夫へのひと言 ＞ 36歳Rさん

自分だけ健康になる時間があっていいよね

地雷ワードの言い換え

今から走りに行こうと思うんだけど、その前にやれることはあるかな？

夫が勝手に予定を組んでいると、忙しい妻としては面白くないもの。その前に妻を気づかう言葉をかければ、妻も少しは納得できます

地雷ワード
22

あ、忘れてた

子育てに対する当事者意識が欠如

妻が用事で外出した際、夫に子どもの世話や家事などを頼んだのに手をつけた様子もないため確認したところ、まったく罪悪感のない表情で返ってきたひと言。単なる度忘れか、あるいは面倒くさがってやらなかったのか、いずれにせよ**家事・育児への当事者意識は皆無**に見え、一片の気づかいも感じさせないその態度に妻は呆れや怒りを通り越し、いっそ清々しさを感じてしまうかもしれません。

夫へのひと言 ＞ 37歳Fさん

こないだビール買い忘れたとき、怒ってたの誰だよ？

地雷ワードの言い換え

今からすぐにやります！

頼んでいた妻にしてみれば、「忘れた」と平気で言われることほど腹立たしいことはありません。真摯に反省してすぐにリカバリーしましょう

地雷ワード
23

なんで片づけられない子になっちゃったんだろう

面と向かって責めない小ずるさが反感を買う

使ったあとのおもちゃ、読みちらかした絵本などを見かねた夫が独り言のような口調で、その実は妻に対して当てつけるようなニュアンスを含んで放ったひと言。妻は**「子どもの教育やしつけは妻の仕事であり、普段からきちんと教え込んでいないから」**という風にとらえるでしょう。さらに、独り言のようにつぶやくことで、**妻を責めているのではないというニュアンスを醸し出しています**が、ただの嫌みとしか受け取れず、妻の神経を逆なでします。本来、子どもに対する教育やしつけは夫と妻が協力してすべきもの。その責任を放棄したような言い草だけに、妻への苦言としてはけっして成功しておらず、むしろ自らの墓穴を掘るだけという結果に…。

夫へのひと言 ＞ 33歳Eさん

ひと言で言うなら、

あなたのせいです

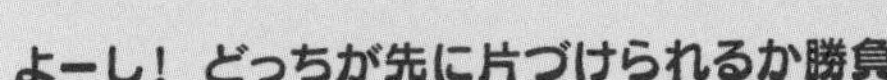

子どもは楽しいことに興味を持ちますし、片づけるとほめてもらえるとわかれば、自分で片づけられます。夫が見本を示して、片づけを一緒に楽しみながら教えたり、ほめたりすれば妻は大助かりです

地雷ワード
24
え、大丈夫だよ。キレイ、キレイ

面倒な仕事はいつも後回し

風呂やトイレなどの掃除が担当の夫に「そろそろお願い」と頼んだときに返ってきがちなひと言。たとえ「本当にキレイだったから、まだ大丈夫だと思った」という意味の発言だったとしても、妻としてはキレイという事実が大切なのではなく、**「家のことを一緒にやる姿勢があるかないか」が大事**なので、「だから掃除をやらない」では、面倒くさがっているととらえられても仕方がないでしょう。

夫へのひと言 ＞ 39歳Kさん

大丈夫かどうか
お前が決めんな!!

地雷ワードの言い換え

いつも家の中をキレイにしてもらっているから、オレもキレイにするね

妻がいつもしてくれていることに対して感謝の気持ちを伝え、自分も同じくらいがんばるという意欲を見せれば、妻も納得します

地雷ワード
25

いや、自分で起きるのかと思ってたから

確かに妻のミスではあるが…

疲れが蓄積している妻が、子どもの学校のイベントの日などにうっかり朝寝坊してしまった際、先に起きていた夫に「何で起こしてくれなかったの？」と言ったときの返答。妻にも非はありますが、この言い方だと実は大切な日であることを理解していながら、そんな日に**寝坊する妻への意地悪**にも聞こえますし、本当に気づいていないのなら、関心がなさすぎることが浮き彫りに…。

夫へのひと言 ＞ 39歳Aさん

しょせん他人事か！
二度とキサマには頼らねぇよ！

地雷ワードの言い換え

ごめん。少しでも多く寝かせてあげたくて。準備はしといたよ！

単に寝坊しそうな妻を起こすだけでなく、妻を起こす前にできることをやっておいてギリギリまで寝かせてあげようという気持ちが「優しさ」というものです

地雷ワード

26

やっぱ、うんちのついたオムツは無理だわ

臭い、汚い仕事はすべて妻任せ

妻が別の作業に忙しく、手の空いた夫がオムツ交換をすることに。ところが、いざ膨らんだオムツを開けてみると、おしっこではなくうんちであることを確認した夫が、妻に向かって言い放ったひと言。おしっこまでは何とかするものの、なぜか**うんちに対して抵抗感があるのは世の男性に多い**ようです。妻にしてみれば、「やってくれるんだ」と期待したところ、**汚れ仕事で手がかかりそうな作業**であることがわかった途端、作業を放棄してしまうという夫の裏切り行為には、余計に憤りを感じるもの。また、そういう夫に限って周囲に「うんちのオムツ替えたんだけどさ～」とイクメンアピールをする傾向も強く、妻のイラ立ちを倍加させるケースもよく見られます。

夫へのひと言 ＞ 31歳Tさん

そういうこと言うアナタが

無理です

慣れてできるように努力するから手伝って

うんちのついたオムツの交換は、いくらかわいい我が子でもできないと逃げる夫もいます。まずは妻に「今はできない」ことを謝り、手伝ってほしいと正直に伝えたうえで、自分一人でもできるようになると約束すれば、妻も手伝ってくれるでしょう

column②

「道連れ思考」で夫婦関係を悪化させないために

相手の気持ちも大事に、一緒に家事・育児を

女性の社会的進出が進むにつれ、社会的なジェンダーフリーへの取り組みをはじめ、男女ともに平等意識を強く抱くようになってきました。そんな傾向もあってか子どもを産んだ妻から、父親となった夫に対し、「平等に子育てに参加してほしい」と望む声も出てきています。そして、それが極端に走ってしまった例として挙げられるのが「道連れ思考」です。

道連れ思考とは、**「自分ひとりが大変な思いをするのが許せず、いかなるときも夫婦一緒で子育てすべき」**という考えに囚われた妻が、つねに行動を共にすることを夫に強要するというものです。

ここでは、夫であるＡさんとその妻の共通の友人夫妻が、およそ3年ぶりに夫たちの地元に帰省した際の例を挙げましょう。Ａさん夫妻と友人夫妻はお互いに子連れの帰省でしたが、久しぶりだし小一時間だけ男二人で飲みたい、という話になりました。友人の妻は「子どもたちは遊ばせておくから行っておいで」と言いましたが、Ａさんの妻は「その間、なんで私たちだけが子どもの面倒を見るの？」と言って行かせてもらえず、普段から飲み会にも参加せず、積極的に家事、育児に関わってきたＡさんとしては、たまの楽しみさえ許されないのか…とこのときばかりはしょげてしまったそう。

今回であれば以前からAさんの妻とも親交のある友人の妻も協力してくれている状況ですが、『夫が今必要か』というのは二の次で、それよりも妻が持つ“夫婦は平等であるべき”という感情が上回っており、ある種『道連れ思考』になってしまっているといえます。夫だけが楽しんでいたり、自分だけが家事・育児をしている状況をどんな理由であれつくるべきではない、と頑なに考えているのです。しかし、その**「こうあるべき」という考えのなかに『相手の気持ち』という尺度は入っていません**。確かに夫婦は平等であるべきですが、いくら正しい考え方だからと相手のストレス発散や楽しみを奪うような強制力でやり過ぎると、積もり積もって爆発し、最悪離婚、といった結末になる可能性も否定できません。正しさで行動は制限できても、相手の気持ちは制限できないのです。

道連れ思考をなくすための取り組み

そこでオススメなのが、**お互いに好きなことをやるときにはできる範囲で譲歩し、“楽しみも平等にする”こと**。たとえば、夫が飲みに行って楽しんできた、ということであれば、次は自分の番。子どもを預けて友だちとランチに行ったり、行きたかったけど夫が「遠いし…」と消極的なので行けていなかったアミューズメントパークに家族で行くなど、妻側の楽しみも平等に叶えるのです。そうすることで、お互い楽しみに向かう際にも「行ってらっしゃい」と笑顔になれるかもしれません。せっかく家族になったのに、『平等』に固執しすぎて無用なストレスをためていたらもったいないです。夫婦そろって笑顔で過ごせるよう考え方を変えてみましょう。

Chapter 03

気づかい皆無の

夫婦といえども、もとは他人同士です。「家族なんだから」と相手に甘えすぎたり、頼りすぎたりしていると、ある日突然、妻の怒りが“爆発”することも…。Chapter 03では、気づかいが足りない夫たちの地雷ワードを見ていきましょう。

地雷ワード

「家族」という関係に甘えて妻への気づかいを忘れてしまうと、いつか痛い目を見ることに。お互いに尊重し合う気持ちが大切です
今日1日なにやってたの？
これなくなってるじゃん!!!
激辛ソース
切らさないで？

地雷ワード
01

今日1日、何やってたの？

心身の疲れで思うように家事ができず

日々の育児疲れが蓄積し、家事をさぼってしまった妻に対して、帰宅した夫が言い放ちがちなひと言。散らかったゴミやシンクにたまった洗い物などのカオス状態を見て、夫としては「オレは１日仕事してきたのに…」と**内心キレながらもマイルドな表現に抑えたつもり**なのでしょう。とはいえ、子どもの寝かしつけに何時間も費やした翌日など、心身ともに疲れて何もしたくない日は誰にでもあるもの。妻も**内心では後ろめたさやできないもどかしさ**などの感情を抱きながらも体が動かず、どうしようもなかったわけです。それに対して、気づかいが一切できないというのが夫という生き物なのですが、ただのイヤミにしか聞こえないだけに要注意のワードです。

夫へのひと言 ＞ 34歳Yさん

なーんかもう疲れたから、家事は全部やめちゃおうかな……

地雷ワードの言い換え

いつもよくやってくれているから、たまにはゆっくりして。オレがやっておくから

仕事から帰ったときに、家がいつもと違って散らかっていたり、洗い物がたまっていたりしたときは、妻が相当に疲れていることを察しましょう。そして、そんなときは夫から家事や育児をすることを申し出ましょう

地雷ワード

02

どうして貯金できてないの？

自分の稼ぎを過大評価しがちな夫

ふと預金通帳などを見て、我が家の経済状況を知った際に夫が発しがちなひと言。面倒な家計管理は妻任せなのに**「貯金がないのはオレの稼ぎをきちんと管理してないから」**というニュアンスが漂います。妻としても、上がらない夫の給料で物価の上昇や子どもの教育費などをやりくりして日々苦労しているわけで、反対に「もっと稼いでくれたらね」という妻の反撃すら誘いかねない危険性も…。

夫へのひと言 ＞ 35歳Sさん

それはね、あなたの稼ぎが少ないからよ(^.^)

地雷ワードの言い換え

もっと貯金できるように仕事がんばるね

多くの場合、貯金は収入と比例するものです。妻のお金の管理に不満を抱くより、前向きに収入を増やす努力をすることを伝えましょう

神経質になりすぎだよ

親としての責任感の強さを軽んじる物言いに

「哺乳瓶は毎回消毒殺菌」「離乳食は添加物の使われていないもの」などと細かく気をつかう妻に対して夫がかけがちなひと言。初めての子を持ったとき、**母親はあらゆる面で不安を感じながら子育てに取り組む**ものです。子育ての当事者意識が高ければ高いほど、神経質になるのは当然のこと。どこか他人事のような言葉を吐く夫の無責任さが、妻を不安にさせてしまうのです。

夫へのひと言 ＞ 40歳Oさん

そもそも、アンタが大雑把すぎるんだよ！

地雷ワードの言い換え

なにごともがんばり過ぎちゃうところがあるから不安だよ

「神経質」ということは、ものごとを細かいところまで配慮して念入りに行っているということなので、そうした「よい面」をほめつつ心配していることを伝えましょう

地雷ワード

04

お金、そんなものに使ったの？

こんなものにお金使ったの!?

お金の使用目的はあくまで自分が基準

妻が部屋の見栄えを考え、心身の癒しにもなりそうな観葉植物を購入。夫が帰宅してその存在に気づいたときに眉をひそめながら放ったひと言。夫としては、以前から買いたいと話していた家電など**実用第一の買い物でなかったことに不満を感じ**、「そっちにお金使ったほうがいいんじゃないの？ その分貯めておけばもっと早く買えて合理的なのに」というような軽い気持ちで口にしたのかもしれません。ただ、妻とすれば、節約も大切ですが少しでも**家族の心を癒したいという気持ちで購入に至った**わけです。そんな気づかいを一切無視した、「余計なもの買わないでくれるかな」というニュアンスの発言だけに、妻の反感を買うことは必至でしょう。

夫へのひと言 ＞ 37歳Fさん

アンタの飲み代こそ そんなものじゃないの？

地雷ワードの言い換え

なんだか居心地がよくなったね。ありがとう

今回のようなケースでは、妻が何を目的にお金を使ったのかを考え、その価値観を理解し、気持ちを受け取って同意しましょう。そうすれば、妻も夫の価値観を理解しようとしてくれます

地雷ワード

05

そういや、あのとき思ったんだよな～

自分のミスについては華麗にスルー

　子ども用品などを買う際に、確認をとって同意したはずが購入後に夫の実家から同じ品物が送られてきたときなど、義母から事前に「送るよ」と知らされていたのに失念していた夫が吐いたひと言。普段から「無駄づかいするな」と口酸っぱく言う割に、**自分の失敗は棚にあげ「ワルイワルイ」と軽い謝罪**の後、こんな言葉が続きます。その調子のよさに妻は呆れて責める気力すら失うことでしょう。

夫へのひと言 ＞ 27歳Mさん

思ったのだったら、そのとき言えよ!

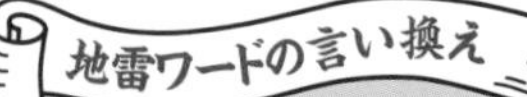

聞いていたのに忘れていてごめん。取り替えてもらえるか聞いてみるね

自分のもの忘れが原因のミスなのに、「あのとき思った」などと軽い発言をしたら妻が怒るのは当たり前。しっかりと謝って、対処法まで考えて提案しましょう

好きにすれば

妻が求めているのはあくまで「共感」

子育てにまつわる悩み事などを妻が夫に相談した際、どこか面倒くさそうな表情を浮かべながら返ってきがちなひと言。男性の心理としては、妻が好きに決めてくれれば文句をつける気はないというつもりでしょうが、女性の心理としては**「共感して一緒に考えてくれる」**ことを望んでいます。結局、「自分にも家庭にも関心がない」と思われ、夫婦間に禍根を残す結果になりそうです。

夫へのひと言 ＞ 37歳Jさん

その言葉、絶対忘れんなよ!!

地雷ワードの言い換え

そうだね。オレもそれがいいと思う

まずは「そうだね」と妻の意見に共感していることを示し、次に「オレもそれがいい」と賛同していることを伝えることで、妻は「話を聞いてくれた」と感じて納得します

地雷ワード
07

子どもが寝た後には大人の時間をつくろう

疲労のピークにある妻への気づかいはゼロ

子育ての苦労の代表格といえば夜の「寝かしつけ」。疲労のピークにある時間だけに、妻は子どもと一緒に寝落ちしてしまうことも。そんなことを知ってか知らずか、「最近は子どものことばかりで夫婦で話す時間がなかったよな」と思った夫があたかもいい提案とばかりに放つひと言。**がんばって寝落ちせずにリビングに戻るストレス**は妻にとっては負担にしかならず、顰蹙を買うだけでしょう。

夫へのひと言 ＞ 32歳Eさん

アンタが寝かしつけてくれるならOKよ！

地雷ワードの言い換え

オレも寝かしつけに協力するから、二人の時間をつくってほしい

忙しい妻と二人で過ごす時間をつくりたいのであれば、夫が協力を申し出るようにしましょう

ママ待ちだよ〜

子どもの準備はすべて妻の仕事!?

家族そろっての外出時、自分の支度だけを終えた夫がテレビなどを見ながら言いがちなひと言。赤ちゃんであれば哺乳瓶や替えのオムツの準備、幼児なら着替えのために時間が費やされるのが普通です。そんな状況でも、自分の準備＝外出の準備であり、夫の頭の中からは**子どもに関する準備という作業がスッポリ抜け落ちている**わけです。育児に対して当事者意識のないセリフの代表格といえます。

夫へのひと言 ＞ 31歳Hさん

この作業は全部私ですか？

なぜ自分はやらないのですか？

二人でやったほうが早いことがあれば、何でも言ってね

自分の準備が終わって手が空いたときは、妻が一人でやることの邪魔はせず、協力できることがないかを意欲的に聞くようにしましょう

パパ、帰ってきましたよ～

子どもに対する愛情の深さはありがたいのだが

どうにか子どもの寝かしつけを終えて妻がほっと一息ついたのも束の間、飲み会などから帰宅した夫が上機嫌で子どもの寝室にわざわざ顔を出し、満面の笑みで発しがちなセリフ。１日外で働いていて子どもとの時間をとれなかったのですから、愛情も伝わり憎めない行為ではあります。しかし、そのせいでやっと寝てくれた子どもが目を覚まし、キャッキャと騒ぎはじめるなどして、再び寝かしつけ作業が発生するわけです。**今まで長時間を費やして達成した状況を無駄にされた妻**にとっては、ありがた迷惑な行動でしかありません。無関心な夫に比べればまだマシとはいえ、子どもへの愛情というより、むしろ自分の都合優先の困った夫といえます。

夫へのひと言 ＞ 25歳Yさん

空気読め！

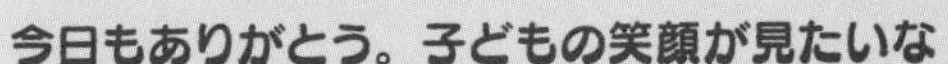

仕事をがんばって帰ってきたら、子どものかわいい笑顔に癒されたいという気持ちはわかります。まずは１日がんばった妻に労いの「ありがとう」を伝え、そのあとに妻も大好きな「子どもの笑顔が見たい」と伝えましょう

地雷ワード
10

ゴミ捨て やっておいたょ

恩着せがましい態度に感謝の心は生まれず

　朝バタバタしていて忘れていたゴミ出しをたまたまやった夫のひと言。妻が夜のうちに翌朝捨てようと思って玄関に置いていたゴミ袋を見て、**夫としては気を利かせたつもり**なのでしょう。ところが、いかにも面倒くさそうな表情を浮かべつつ、「本当はオレの仕事じゃないけど我慢してやったよ」という態度だと、妻の心にあった感謝の気持ちなど一瞬にして吹き飛んでしまいます。

夫へのひと言 ＞ 31歳Fさん

アンタの出したゴミもあるのに、
その恩着せがましい態度は何？

地雷ワードの言い換え

ゴミ捨て終わったけど、ほかにも捨てるものあったかな

玄関にあったゴミだけでなく、ほかにも捨てるものがあれば捨てに行くよ、という前向きな姿勢を見せれば、妻も素直に「ありがとう」と言えます

最後に掃除機かけたの いつ？

子どものためというより自分が気になっているだけ

ゴチャゴチャした状態の部屋を見た夫が、どこか詰問口調で放ちがちなひと言。働く主婦にとって育児と家事の両立は大きな負担であり、掃除も毎日は難しいものです。ハウスダストなど子どものアレルギーを心配しているふりをして、実際には本人が神経質なだけのケースもあり、**自分でやりもせず、相手に家事の負担を押しつける態度**は、ただ妻の神経を逆なでするだけです。

夫へのひと言 ＞ 36歳Nさん

気になるなら お前がやれ！

地雷ワードの言い換え

今日はオレが掃除機をかけちゃうね

「今日は」と前置きすることでいつもやってくれている妻への感謝をしつつ、疲れた妻を労って自分で掃除しましょう

地雷ワード

12

うん、それでいいゃ

妻を憤慨させるテキトーなリアクション

　夕食の献立などを夫に相談しようとした際に、スマホの画面を見たまま口先だけで発せられがちなひと言。妻としてはさんざん頭を悩ませて提案しただけに「いいね！」などのリアクションを期待するのも当然でしょう。それなのに、**ほとんど考えた形跡もなく妥協したような口ぶり**に妻の不満が募るだけ。実際のメニューに対して不平を唱えようものなら、翌日の夕食の存在は危ぶまれます。

夫へのひと言 ＞ 28歳Sさん

はい！ つくる気失せましたー！

つくるのやめまーす！

地雷ワードの言い換え

うん、それいいね

「それでいいや」では、まるで妥協しているかのような印象に。「それいいね」と、しっかりと検討したうえで同意していることを伝えましょう

いいんじゃない？

妻の言葉に対して無関心な態度にイラッ！

家庭内の事柄について相談して決めたい妻に対し、聞いているのかいないのかはっきりしない表情で返した夫のひと言。「そんなのどうでもいいじゃん」というニュアンスを醸し出しており、**妻の話に真剣に向き合っていない感が見え見え**です。あとになって「えっ？聞いてないよ」などと言い出そうものなら、妻の怒りが爆発することは間違いありません。

夫へのひと言 ＞ 34歳Jさん

お前の話も
適当にしか聞いてやらん

地雷ワードの言い換え

一生懸命考えてくれたんだね。オレもそれがいいと思う

まずは妻が一生懸命考えてくれたことを労い、そのうえで妻の意見に賛同していることを伝えましょう

地雷ワード
14

これから後輩を連れて行くから

突然の来客は迷惑でしかない

宴席で酔っ払った夫が、電話口でテンション高めに放ちがちなひと言。迎え入れる側にしてみれば、次の瞬間からバタバタと掃除したり、泊まる場合の寝具の用意などしたりしなければならず、ただでさえ**忙しい妻をさらに追いつめる**ことに。そのうえ、がんばって出したおつまみについて「ろくなもんなくてごめんな」と後輩にのたまい、妻のイラ立ちに追い打ちをかけるなんてことも…。

夫へのひと言 ＞ 34歳Kさん

うちは居酒屋じゃねえ！

地雷ワードの言い換え

突然で悪いけど、手助けしてくれている後輩と会ってもらえるかな？

突然の申し出であることを詫び、「後輩への感謝を妻にも共有してほしい」という気持ちを伝えましょう

おはよう。よく寝たー！

潔いまでのマイペースにただ呆れるばかり

休日でも妻は朝から家事に育児にと平日と変わらぬ忙しさのなか、昼近くに背伸びをしながらリビングに現れた夫のひと言。休日はすべて自分の時間であり、「一週間の疲れを癒すために朝寝坊してもオレの自由だよね」という態度が見え見えです。そんな**自分本位な行動と堂々とした態度**にどこか潔さすら感じつつも、家事・育児に関してはノータッチの姿勢に、妻としては呆れ果てるしかありません。

夫へのひと言 ＞ 33歳Iさん

一度でいいから言ってみたいわ

地雷ワードの言い換え

ゆっくり寝かせてくれてありがとう

起きたらまず、ゆっくりと寝かせてくれた妻の気づかいに感謝しましょう。そのあと、家事や育児に積極的に参加することで、寝坊の挽回もできます

地雷ワード
16

アレッ？ ○○なくなってる じゃん

「何でないの？」と暗に妻を責める態度で

晩酌の時間などにわさびやタバスコなどが使い切ったままで、買い置きがないことに気づいた夫が発したひと言。妻目線としては、そもそも、この手の子どもが使わない**調味料を補充するのが自分の役目かどうか**にも疑問を感じています。それに対し、「せっかくおいしく刺身を食べようと思ったのにわさびがないじゃない！」といったニュアンスをはらんだ夫の責め口調には、**「細やかな気配りができない奴だな」**という気持ちもにじんでいそうです。調味料をめぐる、お互いの好みと役割についてのコミュニケーションの齟齬といえますが、要するに「食べたい人が買ってくればすむ」という、極めて単純な方法で解決できる問題ではあります。

夫へのひと言 ＞ 33歳Kさん

そんなに欲しけりゃ、自分で コンビニ行って買ってこい！

地雷ワードの言い換え

○○ってどこかにある？

「何でないの?」と妻を責めても怒りを買うだけ。せめて「○○ってどこかにある?」と穏やかに聞いて、ないならば「もし次見つけたら買っておいてくれると助かる」とお願いしましょう

地雷ワード

17

オレにうつさないでね

子どもの心配よりも我が身かわいさを優先

子どもがインフルエンザなどの感染症にかかったことを伝えた際、夫から言い放たれがちなひと言。病院に連れていったり、看病のための準備をしたりとただでさえ多忙な妻に対し、病身の我が子を心配する前に、**「会社に行けなくなる」というもっともらしい理屈**を説明します。夫にうつるのはもちろん望んでいませんが、その気づかいのなさは妻に対して男を下げるだけの発言になりそうです。

夫へのひと言 ＞ 34歳Rさん

世話もしないのにうつらねぇわ！っていうか
うつらないよう自衛しろ

地雷ワードの言い換え

病気でつらいだろうね。
手洗いうがいを徹底して一緒に看病しよう

まずは親として子どものつらさに共感して、対策としてできることを提案しましょう

ヒマで いいよね～

主婦の仕事を軽んじる定番ワード

子どもが幼稚園に通うことになった際などに夫が発しがちなひと言。専業主婦の妻に対して、「子どもの相手をしなくていいから、ひとりの時間ができていいよね」と**自分だけ忙しいアピール**が続きます。実際は幼稚園だと意外とすぐに帰ってくるし、どこか主婦の仕事を軽んじているような物言いをされると、この機会にパートでもはじめようと書いていた履歴書を破り捨てたくもなるものです。

夫へのひと言 ＞ 36歳Fさん

代わりたかったら代わるよ！

地雷ワードの言い換え

仕事に行っている間に家のことをやってくれてありがとう

仕事と家庭は両輪で進みます。両輪の片方を担ってくれている妻への労いと感謝の言葉が、円満な夫婦関係を築くのです

地雷ワード
19
まだ寝てんの？

トゲトゲしい口調で気づかいは感じられず

授乳が必要な赤ちゃんのため、夜中に何度も起きてミルクをあげていた妻が、そのせいで夫の出社時間に間に合うように起きられなかった際、夫が寝室で着替えながら不満気につぶやいたひと言。「朝ご飯の支度ができてない」「スーツにアイロンがかかってない」など、**通常であれば妻がしてくれる作業ができていなかったことを責め立てる**ようなニュアンスも感じ取れます。授乳に参加しない夫であれば睡眠時間も十分だけに、連日寝不足が続いている妻に対して、**もう少し気づかいを見せてもいいはず**。この後に続く「じゃあ行ってくるから！」という捨てゼリフと相まって、寝ぼけ眼の妻をイラ立たせ、瞬時に目覚めさせる効果だけはありそうです。

夫へのひと言 ＞ 28歳Sさん

呪う!!

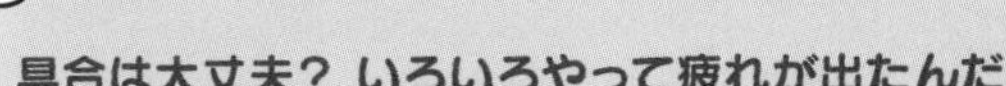

妻は心配され労ってもらえると、「夫に悪いな。何とかがんばろう」と思うもの。「今日はゆっくりして。オレがやるから」と続ければ、さらに夫の優しさを感じます

地雷ワード
20

オレにつわりの話をされても

男性は経験したことのないつらさだけに

つわりに苦しむ妻の横でビールを飲みながらテレビで笑っている夫に、そのつらさを説明しようとしたときの返答。いくら男性には未知の苦しみとはいえ、**多少の想像力を働かせることすら放棄している口ぶり**です。得てしてこういう夫は「大げさに言って家事を押し付けてきているんじゃないか」と疑心暗鬼になっていることも多く、妻の吐き気が倍増するだけの結果に…。

夫へのひと言 ＞ 26歳Kさん

オマエの二日酔いなんかより
よっぽどツラいんだよ!!

地雷ワードの言い換え

つらさがわからなくてごめんね。オレが代わりにできることはある？

自分がつらさを分担できない分、ほかのことで補う気持ちを伝えましょう

じゃ、仕事辞めたら？

家計を支えるのに十分な稼ぎがあればいいが

仕事と家事・育児の両立で多忙な妻が、どうしても手が回らず、夫にヘルプを頼んだときに、「何でオレが？」という表情で吐きがちなひと言。妻が働いていようが、家計を支えているのは自分であり、**暮らしに支障が出るのならば辞めるのは妻という発想**にもとづいた言葉です。共稼ぎだった妻が働かなくなることで、どれほど家計に影響を及ぼすかについて想像力が及んでいない可能性も。

夫へのひと言 ＞ 37歳Yさん

だったら、私が稼いでいた分まで
給料もらってこいよ！

地雷ワードの言い換え

家計を助ける気持ちは嬉しいけど、ムリしてない？ オレも家のことは一緒にやるよ

妻が家計を助けようとしている気持ちは受け取りつつ、忙しい妻への気づかいを示しましょう

地雷ワード 22

オレはそういうのわからないから

デリケートな問題には関わりたがらない

　保育園や学校で起きた問題などで、自分の子どもが当事者だとわかった妻が、夫に相談した際のひと言。最初は耳を傾けてくれたものの、かなり繊細な問題だとわかった途端、「そういうのはママのほうがわかるだろ」と一気に腰が引けた状態に。明らかに**家族で話し合うべき問題からの逃避**は、親としての責任放棄と同様であり、結果として妻ひとりを追い込むことになるので要注意です。

夫へのひと言 ＞ 31歳Tさん

わからないではなく、わかろうとする姿勢を見せる

地雷ワードの言い換え

大事なことだから、一緒に考えて解決しよう

子どもの身に起きる問題は、小さなことでも夫婦にとって大事な問題です。「二人で考え、解決する」という姿勢を示しましょう

年子で三人行こう!

出産という大仕事を終えた妻への労いは皆無

妻が丸１日寝ずに陣痛に耐えたすえ、ようやく待望の第一子が誕生した数日後に夫から放たれたひと言。赤ちゃんのかわいらしさに「子どもっていいな」と思うことはよいのですが、出産という命がけの大仕事を終えたばかりの妻に対して発するには酷な言葉です。**出産や子育ての大変さを無視**して、赤ちゃんのかわいらしさだけに目を向けた独りよがりな発言は、妻を戦慄させるだけでしょう。

夫へのひと言 ＞ 31歳Tさん

殺す気か!

地雷ワードの言い換え

かわいい子どもを無事に産んでくれてありがとう

先のことよりも目の前にいる妻と赤ちゃんに目を向け、母子ともに無事だったことへの安心と喜びを感謝の言葉とともに伝えましょう

column③

岡野流　育休制度への向き合い方

男性も育休が当たり前の時代に

昨今、男性の育休制度の整備も進み、世間的には夫が長期的に会社を休んで育児に参加することをよしとする風潮になりつつあります。制度としてはよい面も多くある一方、現役の子育て世代の夫婦が“実験台”になって検証している段階なので、本当に少子化によい影響が出るかどうかがわかるのは、まだ先のことでしょう。

ここでは、現時点で起きている問題についてご紹介しましょう。

子どもを授かったばかりのある夫婦の例です。夫の会社に育休制度があるので、ぜひ活用してほしいと妻がリクエストしたのですが、夫が乗り気ではないというのです。夫の会社は、育児のために休職しても問題ないくらい大きな企業で会社としても推奨しているとのこと。

であるなら、なぜ夫は育休を取ることをためらうのでしょうか？

夫いわく長く休むことで、その間の実績はほかの人に後れをとり、その間に自分の代わりとなった人物に仕事だけでなく次のポストまで奪われる可能性もあるからだそう。現実にそういうケースもあるらしいので、**夫としては、育休を取ることで今後の自分の立場や出世に影響が出る可能性があるのなら、取らないほうがよい**と考えているようです。でも、妻としてみれば、会社に育休制度がある以上、それを活用したことで夫の立場が不利になるなんておかしいと思うのも当然で、妻としては、やはり夫にも子育てに積極的に参加してほしいのです。ここで、夫婦として現実と向き合い、どちらかを選択しなければいけないという岐路に立たされてしまいます。

二人で納得ずくで結論を出すことの大切さ

もし夫が中長期的視野でこの問題をとらえ、育休の取得は必要最低限ですませたいと思うのであれば、妻に対してこの先、想定できる事柄を説明しなければなりません。長期間休めば出世が遅れてしまう可能性があること。それにより、習い事、私学の可否、子どもが大きくなった後の人生プランも変わってくる可能性があることなどです。ただ、ここでは**自分の意見を一方的に押しつけるのは厳禁**です。「育休を取るとこういう事態が起こる可能性が無くはないけど、君はどう思う？」と、**しっかり妻の意見を聞き、二人とも納得できる結論を出す**というのが絶対条件です。

また、二人だけでなくできればお互いの両親なども交えて相談するのもひとつの手。やはり経験者の話は参考になります。ただし、このとき下した結論について、「それに従う」と二人で決めたのなら、将来的にいい結果が得られなかったとしても、その選択について相手を責めることだけは絶対にNGです。家庭に起こる問題や選択について、夫婦で対処したり選んだりしなければならないときは、常に「相手への気づかい」と「お互いに納得できるまで話し合う」ことを心がけましょう。

Chapter 04

自立できていない系

多くの妻を悩ませるのが、夫の両親との関係です。ましてや、夫が精神的に自立できていない状態であれば、妻の心労は計り知れません。Chapter 04では、親と妻を比べて不平を言う“甘ちゃん夫”の発言を見ていきましょう。

地雷ワード

違う両親に育てられたのだから、夫と妻で価値観が異なる部分があるのは当然のこと。それでもお互いを受け止め、歩み寄ることが大切です

ひとんちの親を悪く言わないでほしいな

自分の両親には強く言えない夫

義父母が孫を溺愛するあまり、こちらの事情も考えず夫の不在中にひんぱんに訪問してきたり、むやみに孫をかまおうとしたりすることにイライラが増す妻。そこで夫に窮状を訴えた際などに吐かれがちなセリフ。夫側から「おふくろにも困ったもんだよ」と水を向けられ、**「そう思うでしょ」などと同意を求めた途端**、似たような言葉が返ってくるなんて裏切りパターンも……。妻から夫へ「子育てに集中できないし、育児に時代錯誤のアドバイスなどが欲しいわけでもない」と訴えても、夫側は自分の両親に対して強く言えないことが多いもの。むしろ、**妻に非があるかのように責めてくる**ケースもあり、妻のイラ立ちが倍増する結果に。

夫へのひと言 ＞ 33歳Yさん

いい加減親離れしろ！

地雷ワードの言い換え

イライラさせて悪かった。オレから言っておくね

妻は夫だからこそ、義母への不満をわかってもらい、角が立たないように注意してもらいたいのです。夫婦二人のときは、夫は実母をかばって夫婦ゲンカするより、妻の立場に立って不満を聞くことのほうが大事です

おふくろ、明日来るって

突然の訪問に対応するのは大仕事なのに

　義母からの電話を受けた夫が、何気なく妻に言い放ったひと言。夫からすれば、おばあちゃんが孫に会いに来るのは当然で、たとえ突然であろうが気にもかけません。一方、妻目線では散らかった部屋や家の中の諸々の惨状を一夜で解決しなければならず、**迷惑以外の何ものでもありません**。一緒に片づけることもせず、いとも簡単に突然の訪問を許す夫に対して、妻は許せない気持ちになるでしょう。

夫へのひと言 ＞ 29歳Eさん

じゃ、家の片づけとか便所掃除とか今夜中にアンタがやれよ！

地雷ワードの言い換え

突然で悪いけど、おふくろが「明日、来させて」って頼んでる

夫の母親が、突然の来訪を妻に悪いと思い、「来させて」と頼んでるというニュアンスで伝えれば、妻も「仕方がないか」という気持ちに

地雷ワード

03

キミの家族は やらなそう だもんね

妻の実家を侮辱するような物言いで

掃除などが行き届いていない家の中の状況を見て、神経質な夫が言いがちなひと言。「うちの母親と違って、掃除に力を入れないのはキミの家族の教育のせいかな？」というニュアンスにも受け取られそうです。仕事と家事・育児を両立させている妻にとって、**すべてを完璧にこなすのは至難の業**。気づいた時点で一緒に取り組むならまだしも、辛辣な口撃だけでは禍根を残す結果となりそうです。

夫へのひと言 ＞ 36歳Jさん

何でそこで、オレがやるよって話にならないわけ？

地雷ワードの言い換え

うちは掃除のやり方だけはうるさかったから、気になるようになっちゃって

夫が育った環境や受けたしつけを素直に説明されれば、掃除にこだわる夫の価値観も少しは理解でき、腹立ちも和らぎます

地雷ワード

04

ちょっと待って、このステージ クリアしてから やるから

自分の時間はすべて好きなように使いたい夫

休日も平日の帰宅後もゲーム三昧の夫に対して、妻が家事や育児のヘルプを頼んだ際に返ってきがちなひと言。妻からしてみれば、すぐに取りかかってもらいたいから頼んでいるのです。ところが、夫がこんなセリフを吐いたあと、結局、何もしてくれないままで終わることもしばしば。また、妻が仕事から帰宅して、座る暇もなく夕飯の支度でバタバタしていようが、**そんな妻の姿を見て見ぬふりをしながら自分の部屋に移動してゲームをやり続ける強者**もいます。家事や育児などは丸投げで、ひたすら自分の娯楽を優先する態度は、妻としては許しがたいもの。ある日、帰宅したらゲーム機がなくなっていても、文句は言えないはずです。

夫へのひと言 ＞ 32歳Uさん

待てねえよ！ そのゲーム機、

ぶっ壊すぞ!!

地雷ワードの言い換え

わかった、すぐやるよ

妻に何かを頼まれたら、そのことに対して、すぐに前向きな返事をすることが大切です。やる気があったとしても「切りがいいところまで」などと言ったら妻は「またか」と呆れてしまうので、すぐにやると伝え、ゲームの勝負は諦めましょう

地雷ワード
05

今日は○○とおふくろと一緒に おそば食べたよ

食品アレルギーに対して無神経な夫

終日、義母とともに子どもの世話を任された夫が、その日の報告を妻にした際のひと言。**子どもがはじめて口にするものには細心の注意を払うのは親として当然のこと**なのに、アレルギーを招きそうなそばなどの食品をはじめて食べさせせることに何の疑問も不安も感じない無知さ加減と無神経さをさらした夫。ひとつ間違うと子どもの命に関わるだけに、笑いごとではすまされません。

夫へのひと言 ＞ 27歳Fさん

そばアレルギーって知ってる？

オマエ、親失格だぞっ！

地雷ワードの言い換え

○○連れておふくろと出かけるけど、気をつけることがあったら教えて

子どものアレルギーや嗜好は母親が一番わかっています。祖母や夫は無頓着なことが多いので、妻に聞いてから出かけましょう

うちの母親はメッチャごはんおいしかったな

間接的に妻の料理をディスる結果に

塩加減などが足りない妻の料理を口にした夫から発せられたひと言。単純に「味薄いよ」などの感想ならまだしも、この後に「うちの母親はレシピ本とか読んで研究熱心だったなぁ〜」などと続けると、母親の料理に匹敵する料理を食べさせてと言っているようにしか聞こえません。間接的に**「キミの料理は努力が足りないから勉強してね」**とディスっているととらえられかねない発言です。

夫へのひと言 ＞ 29歳Aさん

いっそのこと、このまま実家帰って ママにつくってもらったら？

地雷ワードの言い換え

いつものおいしい「妻の味」とちょっとだけ違うかも

妻の料理を「妻の味」とたとえて、いつもおいしいことをほめ、今回はいつもと違うと気づいたことをさりげなく伝えましょう

地雷ワード
07

年越しは、うちの実家が優先だからね

すべてが夫優先の時代は過去のもの

暮れも押しせまり、正月の予定を相談しようと夫に声をかけた際に迷いもなく放たれたひと言。昭和臭さが漂う、男尊女卑的な価値観にとらわれた夫の時代錯誤な考え方にもとづいた言葉です。孫の顔を見るのを待ち望んでいるのは妻の実家も一緒のはず。**それに対する配慮もなく自分の実家のみ優先する**のは、妻としては納得できず、不満をため込むだけの結果となりそうです。

夫へのひと言 ＞ 33歳Yさん

嫌です!!

本当に申し訳ないけど、年越しはうちの実家でお願いしたいんだけど…

最初に「本当に」とつけて申し訳なさを伝えることで、妻としても「仕方がないか」という気持ちになるでしょう

地雷ワード

08

うちの母親の時代は、男が家事や育児を手伝うなんてありえなかったって

大家族時代の子育て論で対抗する愚かさ

実家の母親と子育てについて会話を交わした夫が、妻に吐いたひと言。妻が家事・育児に対して協力が得られていないと不満を漏らしたことへの対抗手段なのでしょう。三世代同居が当たり前、家に多くの人手があった大昔と、核家族主体の現代を比較することがそもそも間違いなのです。**母の意見を一般論として理論武装を試みている**のですが、今となっては時代錯誤以外の何ものでもありません。

夫へのひと言 ＞ 27歳Hさん

平気でそういうこと言うお前が
ありえないから！

地雷ワードの言い換え

今の時代は、男が家事や育児も分担しないとね

時代がどう変わっているかを理解していることを言葉で伝え、同時に妻の家事・育児を分担して有言実行しましょう

地雷ワード

09

おふくろに「毎日スーパーの惣菜食べてる」って言っちゃったよ

悪気はなさそうに見えるひと言だが…

妻の不在中に実家と連絡をとった夫が、妻に向かってしれっと発したひと言。夫が家庭や子どもの話などをした際に、実母から聞かれがちなのが「毎日、何食べてるの？」ですが、これは**嫁の仕事ぶりを探る質問**である可能性があります。ここはしっかり妻の顔を立ててあげるのが常道でしょう。とはいえ、それが誘導尋問であるなどと思いも及ばないのが夫という生き物でもあります。実際、多忙な日はスーパーの惣菜ですましてしまうことがあっても、それは毎日ではないはず。たまの手抜き料理に対して、**わざわざ「毎日」をつけて話すところに、夫の無意識の悪意が感じられる**わけで、スーパーの惣菜すら買ってきてくれなくなる日も近いかもしれません。

夫へのひと言 ＞ 35歳Kさん

あなたの好きなものを考えて選んだ 時間を返して

地雷ワードの言い換え

毎日おいしい食事を用意してくれているよ

たとえ「スーパーの惣菜」を出される日が多かったとしても、妻は自分も忙しいなかでわざわざ買い物に行き、夫の好むものを選んでくれているのです。そうした心遣いに感謝して、母親には「おいしい」という事実だけを伝えるようにしましょう

column④

夫婦であっても、もともとは「他人」

夫婦間で交わされる言葉づかいを見直してみる

夫婦の関係をあらためて振り返ってみましょう。

結婚して暮らしを共にするようになってから、パートナーに対してどのような態度で接していたかについて、思いを巡らせたことはありますか？

ここで夫婦の会話の一例として、朝食の時間を挙げてみましょう。

妻「パン、もう一枚食べる？」

夫「いらない」

もう一つは帰宅後、テレビをずっと見ている夫との会話です。

妻「〇〇、お風呂に入れてほしいんだけど」

夫「いやだ。今日は疲れた」

どこの家庭でも、これと似たような会話が交わされているかもしれませんが、ここで気づいたことはありませんか？ 夫婦ではなくても、仲の良い友人関係であればこの程度の会話は成立するかもしれません。でも、社会人であればふつう、誰かと会話する際に「いらない」「いやだ」といった受け答えをすることはまずありません。

ここで抜け落ちているのは、相手を気づかう心です。

人はみな、他人とのコミュニケーションでは相手に不愉快な思いをさせないように、言葉を選んでいるはずです。実際、言葉づかいひとつで、人の心というのは簡単に傷ついたり、喜びを感じたりするものです。そして、「親しき仲にも礼儀あり」という言葉通り、家族に対してもぞんざいに接していいということはありません。

先の会話では「もうお腹がいっぱいだから大丈夫。ごちそうさま」と返せばいいはずです。「今日は疲れた」のは妻だって一緒なのですから、家事で手の離せないパートナーを見たら、疲れているのはお互い様だし、「子どもと楽しくお風呂に入るよ」と、自分を奮い立たせればいいはずなのです。

家族相手だからこそ生じる甘えの気持ち

この言葉が出なかった背景には、夫婦という関係性、すなわちパートナーに対する「甘え」があります。つまり、**「家族だから、こんな言葉づかいをしても許してくれるだろう」という思い込みのせい**なのです。そして、多くの人は夫婦と思うからこそ、相手に対する「義務」のようなものにしばられてもいます。「夫としての義務は仕事」とか「妻としての義務は家事・育児」などの古臭い固定観念にとらわれ、そんな自分に比べると「君（あなた）はできていないじゃないか」と、相手の生活態度などを責める際の材料としてしまうことも多いのです。

そこで提案したいのが、ときには夫婦であっても、相手を「他人」と思って敬うことです。もともと夫婦とは、他人同士がたまたま縁あって家族になっただけの関係です。そう考えれば、相手に甘えたことばかり言うのはおかしいはずです。パートナーと適度な距離感で接することができれば、言葉づかいも慎重になり、より相手を気づかい、尊重し合いながら良好な関係を保てるようになります。

Chapter 05

“デキるオレ”のマウント系

男は“デキるオレ”という自己像に陶酔しがちなもの。一人で酔っている分には無害ですが、それをアピールし出すと、まわりは迷惑を被ることに…。Chapter 05では、妻にうっとうしがられるマウント系ワードを見ていきましょう。

地雷ワード

そもそも“デキる人”は身内に自慢したり、マウントを取ろうとしたりしません。妻への自慢は「無能さの証」と考えて、反省しましょう

よーし今日は家族サービスしてやるか

毎日ごはん作ってる人

オレさ〜〜イクメンって言われちゃった♡

地雷ワード
01

よーし、今日は 家族サービス してやるかぁ!

休日、家族全員がそろったリビングで、すっくと立ち上がった夫がややハイテンションに言い放ちがちなひと言。夫目線では「家族に無料奉仕をする」という感覚かもしれませんが、妻としては、**家族のために尽くすというのは当然のこと**。やはり、ここでもまた「男＝仕事」で「女＝家事・育児」という古臭い価値観を前提とした夫の姿があります。さらに、この言葉の裏には「本当はゆっくりすごしたいけど時間を割いてあげるよ」という恩着せがましさも見え隠れし、**休日も家事や育児で忙しい妻からすれば鼻持ちならない**のは当然。もちろん、休日を家族で過ごすことはよいことですが、「してやる」ではなく、「当たり前のこと」ととらえましょう。

夫へのひと言 ＞ 32歳Yさん

「ありがとう！」とは
絶対言わないのでよろしく

普段は妻が家事・育児でがんばってくれていることに対する感謝の気持ちを込めて、「今日は自分ががんばる」ということを宣言しましょう

地雷ワード

02

オレだって料理くらいつくれるんだよ

どこか家事を見下すような物言い

休日に何を思ったか、キッチンに向かった夫が発したひと言。たまにしかやらないからこその全力投球な一品を披露しようとするものの、鍋や包丁、まな板、調味料などは**使いっぱなしで放置され、キッチンはカオス状態**に…。また、いつも一生懸命つくっている妻に対して、「料理くらい誰だってできる」と思っていることが浮き彫りになり、ぎこちない包丁さばきを冷めた目で見られることに。

夫へのひと言 ＞ 42歳Fさん

わかってる？ 料理とは、買い物から後片づけまですることを言うの

地雷ワードの言い換え

オレのつくった料理もみんなに食べてほしいんだ

「料理くらい」という言い方は、毎日料理してくれている妻に失礼。たまには自分が料理して一家団欒したい気持ちを素直に伝えましょう

地雷ワード
03

明日はオレが全部やるから 完璧にこなせたら ちゃんとやってよ

家事・育児は持続することに価値がある

家事・育児が疎かなことに不平を唱えた夫に対し、妻が「だったら、あなたがやってよ」と言い返した際、夫が発したひと言。仮に夫が1日こなしたとしても、あくまでも単発の仕事をやったにすぎません。**家事・育児は終わりの見えない長距離走のようなもの**。毎日の持続こそが大切なのに、1日こなしたくらいで「ほらね。こうすればいいんだよ」などと言われたら、妻は般若と化すでしょう。

夫へのひと言 ＞ 34歳Aさん

1日2日だけなら誰でも 完璧にできるよ……

地雷ワードの言い換え

毎日のことで大変だよね。オレもできるだけやるね

家事と育児が大変なことを理解して妻を労い、自分も参加することを伝えるようにしましょう

こうやると効率的だから教えてあげる

自信満々に手本を見せようとするが

妻の家事を傍から見ていた夫が、作業中の妻をどかすようにして吐いたひと言。普段は手伝いすらしない夫が**「オレならもっと効率的にできる」とばかり、掃除の仕方や洗濯物の干し方などについて妻に手本を見せようと試みます**。実際ネットを見ただけの知識ということが多いですが、「ま、理屈はこうだから」と上から目線で言う場合もあり、妻からすると冷笑の対象に。

夫へのひと言 ＞ 27歳Kさん

やってみて気づいた？
言葉と結果が一致しないね！

地雷ワードの言い換え

こうやると効率的だと思うんだけど、どうかな？

妻に自分の考えや意見を押しつけるような言い方ではなく、「妻のために効率的なやり方を考えてみました」といった体で提案を

地雷ワード

05

あそこの旦那さんは外資系のコンサルかぁ〜。一生はできないから大変そうだね

嫉妬心をごまかすための常套句

ママ友のご主人の職業などについて夫に伝えた際、皮肉めいた口調で放たれがちなひと言。自分より確実に稼いでいそうな相手に対し嫉妬心を抱きつつ、**「多分終身雇用とかないし、若いうちしかできないはず」**と断定することで劣等感をごまかしている雰囲気に。妻としては、比較してイヤミを言いたかったわけではないのに、ムッとされてどうすればいいのかわからなくなりそうです。

夫へのひと言 ＞ 33歳Hさん

あなたは大変じゃないなら

子どもと公園行ってきて

地雷ワードの言い換え

外資系のコンサルかぁ〜、稼いでるんだろうな。オレもがんばろう

他人の仕事を否定したり嫉妬したりするのではなく、いい意味でライバル意識を見せれば妻にも好印象です

ほかのお母さんが、オレのこと「イクメン」って言うんだよね

家では育児不参加だが外ではイクメンを装う

家族で公園に行った日の夕食時に、自慢げな表情で夫が発したひと言。そもそも『イクママ』とは言わないのに男性だけ『イクメン』として特別にもてはやされる違和感に加えて、いつもは子どもがグズりだしても知らんぷりなのに、一歩外に出ると、子どもを抱っこしたり、甲斐甲斐しく世話を焼きはじめたりと、義理の両親や知り合いの前での **“よきパパアピール” をする人もいます**。そこだけを見たママ友に、「いいパパもって幸せだねー」などと言われても、妻は嬉しいはずがありません。イメージばかりで実体のない『イクメン』という言葉が独り歩きしているケースも多く、世の妻たちはもどかしい思いをしてしまうことも。

夫へのひと言 〉36歳Eさん

全力で否定しておくね!!

地雷ワードの言い換え

よその奥さんにはイクメンって言われたけど、君に言ってもらえなくちゃね

他人からの評価は嬉しいものですが、実質が伴わないと意味がありません。一番大切なのは妻の評価です

地雷ワード
07

パパのごはんのほうがおいしいって

妻の気づかいを感じ取ることもできず

妻の不在時に子どもの食事をつくった夫が、夕食時の食卓でニコニコしながら吐いたひと言。実際、子どもがそう思ったとしても、妻が**家族の健康を気づかって、普段は塩分控えめだったり、野菜も多く使っている**ことにまで考えが及んでいません。子どもがいつもより濃い味つけの料理をおいしいと思うのは当然で、言葉通りに受け取ってドヤ顔をしているようでは妻からの反感を買うでしょう。

夫へのひと言 ＞ 31歳Mさん

味付けが濃いからだろーが
浮かれてんじゃねーよ!!

地雷ワードの言い換え

パパのご飯もおいしいって言ってくれたよ

毎日、家族の健康を考えて食事をつくってくれている妻を気づかって、妻の料理と対等か控えめに取れる言い方に変えましょう

地雷ワード

08

会社の女の子たちにチョコもらったから**お返し**買っといて

自分が受けた「義理」なのに妻にお返しを依頼

バレンタインの日に会社の女性陣からチョコをもらって帰宅した夫がドヤ顔で放ったひと言。妻からすると義理チョコをもらったことを自分に伝えることで**「実際、会社で結構モテるんだよ。オレは何とも思ってないけどね」とアピール**しているようにとらえられます。いずれにせよ、そもそも本来は自分でするべきお返しの品の買い物を、わざわざ忙しい妻に依頼するのは筋違いというものです。

夫へのひと言 ＞ 41歳Tさん

テメーがもらったのならテメーで買って返すのが
礼儀ってもんだろ！

地雷ワードの言い換え

会社で義理チョコもらったんだけど、どうしたらいいかな？

義理チョコのお返しにわずかな小遣いを使うのも考えもの。正直に妻に伝えて、どんなお返しをするか相談して決めましょう

ちゃんと タスク管理 しようよ

はぁ〜
ちゃんと
タスク管理しよう?

家庭でのタスク管理はできていないのに

思うようにいかない１～２歳の子どもがいる家庭。妻がグズる子どもにご飯を食べさせている最中に帰宅した夫が、散らかったままの部屋や洗濯物を見るなり発するひと言。会社で多用している「タスク管理」などの**ビジネス用語を混ぜることで「家事、育児も仕事と同じく効率的に」と言いたい気持ちがにじみ出ています**。問題なのは、妻に対して上から目線で物を言う点です。それでも、家事・育児について、夫も自分なりに段取りをつけて取り組んでくれればまだよいのですが、**口を出すだけでメインで行動するのは妻**。夫自身が家庭内でタスク管理できていなければ、妻は余計にイラ立ちを募らせるだけでしょう。

夫へのひと言 ＞ 28歳Nさん

なーにーがタスク管理じゃ！ 横文字は「ワンオペ」で十分じゃ！

地雷ワードの言い換え

子ども相手だと思い通りにいかないよね。一緒に考えながらやっていこう

一方的に提案したり、要求をつきつけたりするのではなく、二人で考えながら一緒に家事・育児の「タスク管理」をすることを心がけましょう

地雷ワード 10

オレしかできない仕事なんだよ

仕事を約束破りの切り札にする夫

休日に頼まれていた子どもの世話を「明日は仕事になった」というひと言で反故にした夫。それに対し「明日じゃなきゃダメなの？」と妻が責めたときに、夫から返ってきたひと言。夫は**「オレは期待のエース」という雰囲気を醸し出そうとしている**のかもしれませんが、状況がわからない妻からすれば、直前に言われても「単に子どもの世話が億劫なのでは？」と勘ぐりたくなってしまいます。

夫へのひと言 ＞ 32歳Iさん

この子のパパも
あなたしかできないことだよ

地雷ワードの言い換え

今週できなかった分、来週やらせて。
今回は特に大事な案件だから行ってもいいかな

仕事が大事なことは妻もわかっています。しかし、約束を破るのは反則。どうしても仕事を優先しなければならない場合は、引き受ける根拠と代案を妻に伝えましょう

地雷ワード
11

次はメタバースの時代が来るから…ってわからないか(笑)

家庭内で虚勢を張っても仕方がないのに

夕食時などの家族の会話で、訳知り顔の夫がせせら笑うように漏らしたひと言。会社員のなかには**横文字を多用することでデキるやつ感を演出しようとする**人がいますが、さらに世事に通じているオレ感を加え、人を小馬鹿にしたような態度が妻の神経を逆なでします。とはいえ、実際は YouTube などを見ているだけの浅い知識であることも多く、妻には見透かされているかも。

夫へのひと言 > 36歳Yさん

アンタにはもう
メタボの時代が来てるしな

地雷ワードの言い換え

この子が大きくなるころには
メタバースの時代になっているかもね

母親は「この子が大きくなったら」と言われたら興味を持ちますし、知らないことでも「それって何」と自然に質問したくなるものです

column⑤

夫婦関係でストレスをためないコツとは?

相手とのやりとりでは「思いやり」を挟む

地雷ワードをはじめ、パートナーに対する不満の蓄積は、夫婦関係に亀裂を入れかねない大きなストレスの一因となります。

お互い、もしくはどちらか一方に過度にストレスがかかった状態が続くと、家庭そのものが我慢を強いられる場所となってしまいます。すると、いずれどこかで二人の関係にほころびが生じ、挙句の果ては離婚の二文字すら見えてくることだってありうるのです。

そんな事態に陥らないために大切なのは、家庭内でなるべくストレスをためないことです。

ではここで、そうならないためのコツをご紹介しましょう。

一つ目は、**相手とのやり取りのなかで、必ず「思いやりの言葉」を挟む**ことです。例として、残業で帰りが遅くなりそうな妻とその夫とのやり取りを見てみましょう。

「今日は下手したら終電で帰れないかも」

「え、遅すぎない?」

このケースでは、「遅すぎる」のは事実ですが、だからといって妻の仕事の効率が悪いと責めているのではなく、おそらく「遅くまで働いて身体を壊すのが心配」という意味なのでしょう。

それならばここで、「心配だから、がんばって早く帰っておいでよ」

と素直に思いやりの言葉をかけることで、妻もひと踏ん張りして、仕事を早く切り上げようと思えるようになるものです。

自分の希望を伝える際には、自分の都合を押しつけるのではなく、思いやりの気持ちを挟むことで伝わり方が変わってくるはずです。

夫婦間で過剰に期待しがちな「以心伝心」

もう一つが、相手に自分の考えをきちんと伝えることです。

夫婦間のコミュニケーションが機能しなくなる原因の一つが、相手に対して“以心伝心”を過剰に期待してしまうことです。夫婦間では、どこかパートナーに対し「言わなくても察してよ」と望んでいることがよくあるのです。

相手の気持ちがわからないのは、結局、お互いがうまく言葉をかけあっていないからです。実際のところ、言葉にしなければ、気持ちというのは正しく伝わらないものです。

たとえば、家事や育児が立て込んでいて、妻が夫に『ゴミ捨てくらい手伝ってほしい』と思ったとしましょう。ここでは素直に「ゴミ捨てお願いしてもいい？」と言えばいいものを、言わなくても自分が忙しいのを見ていれば『やってくれるのではないか』と勝手に期待してしまうのです。結局、言葉で頼まれていないのだから、夫がやってくれないのは仕方のないことです。でも、なぜか妻は、勝手に裏切られた気分になってしまうのです。

これも相手に対する自分都合の期待です。

ここでご紹介した二つの点を意識して、お互いの立場をしっかり理解して、「思いやり」を挟みながら言葉をかけていくことで、ストレスのない夫婦間のコミュニケーションが実現するはずです。

番外編 Additional Chapter

妻が夫に言ってはいけないワード Worst 20

夫が妻に言ってはいけない「地雷ワード」があるように、妻が夫に言ってはいけない言葉もあります。妻のみなさんは、ここで紹介しているような言葉を発していないかチェックしましょう

じゃあもっと稼いできてよ

やりくりに苦労する妻の気持ちはわかります。でも**夫の収入へのネガティブな発言は、家族のためにがんばっている夫のプライドを傷つける**結果になるので要注意です。

男のくせに

「男らしさ」に価値観を置いている男性にとって、そこを否定することは**「男として存在価値がない」と言われるのと一緒**なので、夫婦関係に深い溝をつくる可能性も。

何で休みが取れないの？ ブラック企業でしょ

実際、休みを取れない夫もいればあえて取らない夫もいるようです。後者は**家庭に居場所を感じられない**というケースも多く、妻の対応に問題がある可能性もあります。

大変なのはこっちなんだから 後輩とか友だちなんて 絶対に連れてこないでね

友人づきあいでお互いの家庭を行き来するのはよくあるもの。**「きちんと事前に連絡」という条件つき**でたまには許してあげたほうが、良好な夫婦関係を築けそうです。

うちと違って ○○さんの旦那さんはすごい 育児に協力的らしいよ

男女にかかわらず、**同性の同世代の人と比較されるのは誰でもいい気持ちはしない**ものです。この言葉は夫を発奮させて育児参加へとうながすというより、むしろ意固地になって何もしなくなる可能性のほうが高そうです。

私の人生を返して

夫への愛情が完全にないということを、相手に感じさせる言葉です。夫の浮気や借金などよほどの事情があるなら話は別ですが、**婚姻関係を全否定するワード**だけに、もし言うのであれば、離婚を覚悟して発すべき言葉です。

生理的にムリ

妻が夫に対して、嫌悪の情しか感じなくなったことを表すひと言。**強そうにみえて意外とデリケートなのが男心**です。男としてのプライドを傷つけるワードなだけに、今後の夫婦生活に影を落とすことになるでしょう。

◯◯ちゃんのお迎えがあるから あなたは飲まないでね

家族同士の集まりで、みんなでビールを飲みはじめようとしたときのひと言。酒好きな夫がお預けをくらうわけですが、ほかの人は楽しそうに飲んでいるのに**「何でオレばかり」**と二人の関係に小さなしこりを残しそうです。

ダメな パパだね〜

ケンカの際など、妻が子どもを巻き込むように夫を侮辱したセリフ。つねに家族のリーダーでありたいとがんばっている夫を憤慨させるだけでなく、子どもが父親を尊敬しなくなり、**後々の親子関係に悪影響を及ぼす**可能性も。

デキる人で お酒なんて飲んでる人 いないよ

酔って帰ってきた夫に、虫の居所の悪い妻がかけがちなひと言。基本的に**男という生き物は子どもと一緒で、すぐムキになります。**妻の勝手な「理想像」を押しつけようとすると、ますます酒に走る危険性が高まります。

……(無視)

不機嫌な妻が夫を無視。その発端は何かを「察してくれなかった」など夫に原因があるのでしょうが、言葉にしないと夫も訳がわからず、**逆ギレを招く**かもしれません。

あなたの両親って、本当にありえなくない?

夫の実家に関する侮辱や悪口は夫婦間の厳禁ワードです。たとえ夫が、身内に責められるべき原因があると理解していても、他人からは否定されたくないものなのです。

ハゲのくせに

このほかにデブ、背が低い、毛深いなど**容姿にまつわる言葉で夫を侮蔑するのは厳禁**です。二人の関係性に後から修復できないような深い亀裂が入る場合もあります。

なんでそんなこともわからないの?

夫が何かを質問したりする時に鼻で笑いながら放たれる一言。バカにされ続けると人間はどんどんネガティブになってしまいます。しっかりお互いを思いやって会話しましょう。

アナタのこと ATMだと思ってるから

夫婦ゲンカの際などにポロリと出てしまいがちな妻の本音。夫が傲慢だったり、価値観の違いがあったりと、ここに至るまではいろいろあったのでしょう。そう考えていたとしても、**心のなかにしまっておくべき**ワードです。

100% 私が正しいよね

夫婦間の口論で一般論を持ち出しながらこんなふうに夫をやりこめるケースがあります。夫婦ゲンカで大切なのは収め方ですが、**自分だけが正しいと主張するだけでは、相手を意固地にさせ、解決を難しくする**ので要注意です。

この間だって

「あのときだって」と過去のことを今のケンカに強引につなげて相手の非を責めたところで、何も解決しません。**話を脱線させながら相手をひたすら問い詰めるようなもの**で、常習犯のような扱いをされた夫の反発を招きます。

残業する人って、ほんと仕事できないよね

育児で不安や悩みを抱えながら、ひとりでつらい思いなのはわかります。でも、**夫のがんばりに対し八つ当たりするように責めるのは考え物**です。その一瞬は気が晴れても、夫の心を傷つけるだけで禍根しか残さないからです。

人として最低だよね

相手の人格を完全に否定する言葉だけに、言われた側はただ怒り出すしかありません。口論の際に気をつけたいのは、**相手に逃げ道をつくってあげること**。ケンカひとつをとっても作法があることを意識したいものです。

全部、あなたのせいでしょ

何においても「私が正しい」という心理が働いているひと言です。この後はヒートアップしていき、**お互いに相手の責任を問い詰める展開**にもなりそうです。

STAFF

カバー・表紙・本文デザイン／森田千秋（Q.design）

DTP／G.B. Design House

編集／小芝俊亮（小道舎）

編集協力／岡田久

イラスト／もち

ブログ「もちログ」 https://mochidosukoi.blog.jp/

Instagram https://www.instagram.com/mochidosukoi/

監修 **岡野あつこ（おかの あつこ）**

夫婦問題研究家、公認心理師、社会デザイン学 MBA。目白短期大学非常勤講師。1991 年に離婚相談室を設立、相談件数 4 万件以上を手がけた夫婦カウンセリングのパイオニア。離婚・夫婦問題カウンセラー養成講座で後進を育成。マル秘テクニックを交えた的確なアドバイスが好評。NPO 日本家族問題相談連盟理事長。『ある日突然妻がいなくなった―聞こえていますか、妻の本音』（ベストブック）、『産後クライシス なぜ、出産後に夫婦の危機が訪れるのか』（角川学芸出版）、『最新 離婚の準備・手続き・進め方のすべて』（日本文芸社）、『夫婦がベストパートナーに変わる 77 の魔法』（サンマーク出版）ほか 30 冊以上の著書があり、総合情報サイト「All About」の離婚ガイドも担当。テレビ、雑誌などのメディアに多数出演するほか、YouTube チャンネル「岡野あつこ チャンネル」を運営。

岡野あつこの離婚相談救急隊　公式 HP
https://rikon.biz/

NPO 法人日本家族問題相談連盟　公式 HP
https://nikkaren.com/

YouTube　岡野あつこ チャンネル
https://www.youtube.com/channel/UC3k3RSFHemW5qjtp-X1TGZg

無自覚な夫のための妻の地雷ワード事典

2023 年 8 月 1 日　第 1 刷発行

監修者　岡野あつこ
発行者　吉田芳史
印刷所　株式会社光邦
製本所　株式会社光邦
発行所　株式会社 日本文芸社
〒 100-0003　東京都千代田区一ツ橋 1-1-1 パレスサイドビル 8F
TEL 03-5224-6460（代表）
内容に関するお問い合わせは小社ウェブサイトお問い合わせフォームまでお願いいたします。
URL　https://www.nihonbungeisha.co.jp/

Printed in Japan　112230719-112230719 Ⓝ 01　(290068)
ISBN 978-4-537-22123-7

編集担当　上原